DIE MENTALE EINSTELLUNG

von Dr. Thomas Wörz

egoth
sport

Inhaltsverzeichnis

uvex
AUSTRIA
POWER

Was versteht man unter Mentaler Einstellung?

Die Mentale Einstellung spiegelt unsere ganz individuellen Gedanken, Bewertungen, Gefühle, Verhaltensweisen und körperlichen Reaktionen in den unterschiedlichen Lebenssituationen wider.
Ziel ist es, mit entsprechenden mentalen Verfahren die attraktiven Seiten von Problemsituationen zu erkennen und die Kompetenz zu erlangen, erwünschte Befindlichkeitszustände jederzeit abrufen zu können.

Dies bewirkt „eine individuelle, ‚gesunde' Lifestyle-Entwicklung, die zu einer anhaltenden Steigerung der Lebensqualität beiträgt."

(Wörz, 2011)

UNIQA
Gösser
31
AUSTRIA
Schöffel

UNIQA

Vorwort

Marlies Schild

Als Slalom -Weltmeisterin und Weltcupsiegerin weiß ich, wie viele andere Spitzensportler auch, wie wichtig der mentale Faktor in der Ausübung unserer Aktivitäten ist. Dass mir mit Thomas Wörz seit Jahren ein wertvoller Fachmann zur Seite steht, der mich fördert und fordert, kann ich nicht hoch genug schätzen. Wir sind ein sehr gutes Team. Bei ihm habe ich Kompetenzen erworben, die mir helfen, mit schwierigen Situationen besser umzugehen. Er hat mir in der Persönlichkeitsentwicklung zu mehr Unabhängigkeitsdenken und zum richtigen Umgang mit Stress und Erwartungsdruck verholfen.

Die Techniken zur mentalen Entspannung, mit denen ich während der verschiedenen Treffen mit Thomas Wörz in Kontakt kam, sind zudem nicht nur auf den Sport, sondern auf alle Bereiche des Lebens anwendbar!

Die Fähigkeit, verschiedenste Herausforderungen selbstständig zu bewältigen, habe ich im Laufe der Zeit durch das Mentale Coaching letztendlich ganz alleine aus eigenem Antrieb entwickelt.

Nun hat mein Mentaltrainer wieder ein Buch geschrieben. Ich freue mich, es zu lesen und zu studieren. Doch ich weiß bereits jetzt: Es war lange überfällig!

Einleitung

So wie Weltmeisterin und Weltcupsiegerin Marlies Schild, betreut Dr. Thomas Wörz weitere zahlreiche Europa- oder Weltmeister oder Olympiasieger aus dem In- und Ausland. Seit über 15 Jahren arbeitet der Salzburger im Bereich des Mentaltrainings, der Sportpsychologie und der Psychotherapie, ist immer am Puls der Zeit und einer der führenden Kapazitäten der internationalen Szene auf diesem Sektor.

2002 und 2006 bereitete er sportpsychologisch die Mannschaft des österreichischen Ski-Verbandes auf die Olympischen Winterspiele in Salt Lake City und Turin vor - die Erfolge konnten sich sehen lassen: In den USA gab es elf Medaillen, unter anderem Gold in der Abfahrt durch Fritz Strobl. Und vier Jahre später in Italien standen Österreichs Skifahrer 14 Mal auf dem Podest, vier Mal davon ganz oben!
Thomas Wörz bereitete auch das österreichische Golfnationalteam mental auf Wettkampfhöhepunkte vor. Mit dem 5.Platz bei den Golfweltmeisterschaften 2002 erreichte das österreichische Herrenteam das beste Ergebnis in der Geschichte des österreichischen Golfsports.

Wörz ist ausgebildeter Psychotherapeut (mit den Schwerpunkten „kognitive Verhaltenstherapie“ und „Hypnotherapie“) und Sportwissenschafter. Wenn er nun dieses Werk vorlegt, so spiegelt es die wichtigsten Techniken und Erfahrungen aus seiner langjährigen Erfahrung wider. Im Zentrum all seiner Bemühungen stand und steht immer die Frage: „Wie kann ich den Sportler/die Sportlerin dahingehend unterstützen, dass er/sie am Tag des Wettkampfes den optimalen Leistungszustand entfalten kann?“ Aber nicht nur. Immer wieder kamen und kommen Athleten und Athletinnen aus dem In- und Ausland zu Wörz, die sich in Krisensituationen oder im Verletzungszustand befinden. Mit Psychotherapeut und Mentaltrainer Wörz an ihrer Seite schafften sie nicht nur den Sprung zurück in die Weltspitze, sondern waren oftmals stärker als zuvor. Die Aufarbeitungsprozesse zeigten Früchte!

Als Verantwortlicher des Nachwuchs-Leistungssportmodells SSM - eine führende Talentakademie Österreichs im Olympiastützpunkt Salzburg/Rif - legt Wörz neben optimalen Trainingsbedingungen auch großen Wert auf die Entwicklung der Persönlichkeit. Immer wieder bedauert Dr. Thomas Wörz, dass im Nachwuchs-Leistungssport psychologisches Training - wenn überhaupt - eine periphere Rolle spiele. Dabei würde mentales Training unbedingt in den Betreuungsprozess eines jungen Menschen gehören, um entsprechende Problemlösungskompetenzen sowohl für einen Weltklassesportler als auch für die täglichen Herausforderungen des Lebens zu entwickeln.

Doch was für einen Sportler wichtig ist, ist es auch für jeden, der sich in herausfordernden Situationen befindet oder mit diesen konfrontiert wird. Jeder hat immer wieder einen „Tag X", an dem die optimale Leistung abgerufen werden muss - bei Verhandlungen, bei Vorträgen, bei Prüfungen, bei herausfordernden Tätigkeiten. All jenen soll dieses Werk begleitend, helfend und Rat gebend zur Seite stehen. Denn was ist die mentale Einstellung? Letztlich nichts anderes, als die Fähigkeit zu entwickeln, sich auf schwierige Situationen gut einstellen zu können, die Herausforderungen mit Bravour zu meistern und darüber hinaus aus Erfahrungen - auch Niederlagen - zu lernen und sich weiterzuentwickeln.

Dr. Thomas Wörz ist Erfolgsautor, dessen Bücher in mehrere Sprachen übersetzt wurden und hat seine Kompetenz in zahlreichen TV-Auftritten in Österreich und international zum Ausdruck gebracht. Dieses vorliegende Buch - das auf seinem Werk „Mentales Fitness Training" (2008) aufbaut - bietet die einmalige Gelegenheit, bewährte mentale Techniken zu erfahren und zu erlernen, die Ihr Leben bereichern werden. Garantiert!

Der Verlag, November 2011

Wer ist für meine Stimmung verantwortlich?

„Erfolg durch Selbstmanagement" lautet eine jener Zauberformeln der heutigen Zeit. Denn wer möchte das nicht? Alles richtig machen, im richtigen Augenblick am richtigen Ort das Richtige tun, und dies alles ohne Anstrengung von sich aus. Es geht also darum, in schwierigen Situationen gerüstet zu sein - und in diesem Unterfangen wird Sie das vorliegende Buch unterstützen. Sie lernen eine Vielzahl von Techniken, Strategien und Möglichkeiten kennen, wie Sie selbst - ohne fremde Hilfe, ohne Abhängigkeiten - den optimalen Befindlichkeits- und Leistungszustand, abrufen können.

Sie erfahren weiters, dass Ihre Tagesverfassung nicht ein Zufallsprodukt und ein vorgegebenes Schicksal sein muss, sondern wie sie jeden Tag in der Lage sein können, den optimalen Befindlichkeitszustand zu erreichen. Sie lernen, wie Sie durch bestimmte Verhaltensmaßnahmen Ihre Stimmung verbessern können. Dabei sollten Sie nicht abhängig sein von irgendwelchen Gurus, die immer mehr Einfluss auf Ihr Leben ausüben. Sie sollten lernen, Ihre Persönlichkeit weiterzuentwickeln und Ihrem Lifestyle gerecht werden. Werden Sie unabhängig von Abhängigkeiten: von Menschen, Dingen, Umständen - es geht um Sie selbst! Denn wir arbeiten hier mit Ihren Ressourcen, Ihren Möglichkeiten, Ihren Stärken.

Dieses Buch kann zu Ihrem persönlichen Begleiter werden, aus der Sie sich viele geeignete Tipps und Tricks herausnehmen, verinnerlichen und in den Lebensalltag integrieren. Es wird an Ihnen liegen, jene Ratschläge herauszufiltern, die Ihrer Persönlichkeit und Mentalität am besten entsprechen.

Versuchen Sie nicht alles gleichzeitig umzusetzen, sondern denken Sie step-by-step.

1

Dinge muss man trainieren und üben. Die Bequemlichkeit ist der Kontrahent, gegen diese brauchen Sie Energie, um zu bestehen. Alles was in einem bestimmten Rhythmus erfolgt bzw. in alltägliche Handlungen eingebunden ist, geht in das Unbewusste über und führt zu einer neuen Lebenseinstellung.

Erfolg oder Niederlage

Die selbsterfüllende Prophezeiung, ein fataler Triumph?

Immer wieder wird die Frage gestellt, was denn einen erfolgreichen Spitzensportler von einem weniger erfolgreichen Athleten, der sich auf dem gleichen Niveau - Landesebene, nationale oder internationale Spitze - bewegt, unterscheidet. Seit 20 Jahren habe ich mich mit dieser Frage auseinandergesetzt, die Antworten waren einander sehr ähnlich.

Beginnen wir beim weniger erfolgreichen Athleten. Wird er gefragt, was er vor dem Start dachte, lauteten und lauten, die Antworten: „Ich fühlte einen hohen Druck, der auf mir lastete und ich wünschte mir, dass der Wettbewerb am besten schon vorbei sei." Dies bedeutet, dass sich der Akteur auf der mentalen Flucht befand, dass ein Vermeidungsverhalten begonnen hatte. Er bestreitet zwar den Wettkampf, ist aber gedanklich bereits im Danach. Dieser Fluchtgedanke verstärkt die Self Fulfilling Prophecy: Dieser Tag, oder dieser Wettkampf, wird nicht optimal verlaufen. Die Gegner sind zu stark, das Wetter zu schlecht, ich habe schlecht geschlafen usw. Diese Sportler bestätigen damit unbewusst ihre eigenen Annahmen und setzen alles daran, dass ihre negativen Ahnungen auch ja eintreten. So überrascht der Satz im Ziel nicht: „Ich habe schon vorher gewusst, dass es heute nicht mein Tag sein wird." Sarkastisch formuliert könnten wir jetzt anfügen: Die negative Einstellung wird somit auch noch belohnt, das Erfolgserlebnis, recht behalten zu haben, stellt sich ein. Es ist der einzige Triumph an diesem Tag - und ein trauriger.

Problematisch ist allerdings, dass dieses Gefühlsempfinden in den

Erinnerungsspeicher gelangt, sich dort festsetzt und bei den kommenden Wettbewerben wieder negative Gefühle auslösen wird. Der Athlet befindet sich in einem Teufelskreis.

Freude, Spaß und Konfrontation als Erfolgsfaktor

Der erfolgreiche Sportler indes zeigt sich häufig vor dem Start sehr nervös; ihm gelingt es jedoch, diesen auf ihm lastenden Druck in ein lustbetontes Angriffsverhalten umzusetzen. Dabei spielt die imaginäre Vorstellung, die Startlinie ist eine Entscheidungslinie, eine bedeutende Rolle. Sobald er diese passiert, ist er bereit, sich den auf ihn wartenden Herausforderungen zu stellen. Als sehr günstig erweist es sich, seinen Wettbewerb mit einer positiven Metapher zu besetzen. Beispielsweise ist die bedrohliche Streckenführung eines Abfahrtslaufes vergleichbar mit einem wilden Pferd, das der Rennläufer jetzt zähmen möchte. Somit wird durch dieses Bild aktive Freude mit der Handlung verknüpft.

Die Aktion im Rennen erweist sich dann als subjektiv leicht, die Bewegungen werden rhythmisch, das Fließgleichgewicht - der Flow - stellt sich mit dem damit verbundenen Glücksempfinden ein. In Erinnerung bleibt im Ziel lediglich ein fabelhaftes Gefühl und intuitiv die Beherrschung der Situation. Gedanken an die richtige Technik, oder an die laufende Zeit, sind wie ausgeblendet.

Im Sein sein

Sind Sie hier?

Sind Sie wirklich hier?

Der optimale Leistungszustand im Hier und Jetzt

Das müssen Sie sich einmal bildlich vor Augen führen: Nur ein Bruchteil unserer Gedanken hält sich im Hier und Jetzt - in der Gegenwart also - auf , der allergrößte Teil schweift ab in die Zukunft oder zurück in die Vergangenheit. Sicher, es ist wichtig, Visionen und Ziele zu haben: Diese sind die eigentliche Energie, die Motivation, und diese wiederum hilft Ihnen, dort hinzugelangen, wohin Sie möchten. Ebenso relevant ist es, an die Vergangenheit zu denken, an vergangene Erfolge, an schöne Erlebnisse. Diese positiven Bilder geben Kraft für neue Aufgaben und sind neue Ressourcen.

Doch was passiert in uns, wenn wir uns gerade im Hier und Jetzt aufhalten? Wenn es uns gut geht, wir zufrieden sind, mit uns selbst und der Welt im Reinen sind? Plötzlich kommt ein Gedanke aus der Zukunft: Wir denken an Krankheiten, Katastrophen, finanzielle Unsicherheiten, Existenz bedrohende Ereignisse, Beziehungsprobleme - und schon geht es uns aufgrund dieser Gedanken im Hier und Jetzt schlecht. Nehmen wir nämlich zukünftige Gedanken vorweg, wirken sich diese „online" auf die Gedanken der Gegenwart aus. Ebenso geschieht es mit negativen Gedanken aus der Vergangenheit: Nicht verarbeitete Konflikte und Störfaktoren können nicht abgeschaltet werden.

Die Kunst ist also, die Gedanken weitgehend im Hier und Jetzt zu halten und den Prozess, den Augenblick zu genießen. Wie dies gelingt, ist das zentrale Thema der mentalen Einstellung.

Die Fähigkeit, wirklich im Hier und Jetzt zu sein, setzt voraus, mit allen Sinnesmodalitäten wahrnehmen zu können, „hier" sein zu können: seinen Körper zu spüren, Berührungen wahrzunehmen, differenziert zu riechen, zu schmecken und zu genießen sowie die Umwelt akustisch und optisch zu erkennen, sich an ihr zu erfreuen. Der Gegenpol heißt Stress: In ihm wird die Wahrnehmung taub und man verliert den Kontakt zu sich selbst.

Moderne psychotherapeutische Ansätze zielen darauf ab, dass Menschen lernen, sich intensiver zu spüren und wahrzunehmen. Gestresste Manager, depressive Personen, Burn-Out-Kandidaten laufen nämlich Gefahr, den Bezug zu sich selbst zu verlieren. Zu bewährten Maßnahmen zählen u. a. Genusstrainings, ausgedehnte Duschrituale, intensive Aromatherapien, bewusste Verkostungen. Zärtlichkeit und Streicheleinheiten sollen schrittweise wieder zugelassen werden. Auch viele fernöstliche Praktiken oder Stammesrituale (Tänze zur Verehrung von Ahnen und Göttern) setzen im Hier und Jetzt an: denn durch die gleichmäßigen rhythmischen Bewegungen werden tranceähnliche Zustände ausgelöst.

Der Zustand im Hier und Jetzt ermöglicht dem Menschen,

- in den optimalen Leistungszustand zu gelangen,
- sich ökonomisch zu regenerieren,
- sich weiters in einen Zustand höchster Befindlichkeit zu begeben.

4

Die Achtsamkeit im Hier und Jetzt

Die Zeiten sind vorbei, in denen wir immer einer Änderung und Veränderung hinterherlaufen mussten, uns immer neue Ziele zu setzen hatten und Bedürfnissen schneller Veränderungen gerecht werden mussten. Diese Zeiten waren nicht nachhaltig, führten zu Rückfällen und verschlimmerten häufig nur die Situationen. Das Gebot der Stunde lautet: Zurück an den Start!

Das Prinzip der Achtsamkeit beruht darauf, dass jede Veränderung nur mit einem entsprechenden Stillstand eingeleitet werden kann. Achtsamkeit heißt innehalten, wahrnehmen und beobachten des aktuellen Zustandes, oder konzentriert sich auf ein bestimmtes Teilgebiet, dem Sie besondere Aufmerksamkeit schenken und in dem Sie einen Veränderungsprozess einleiten möchten.

Die Wahrnehmung im Hier und Jetzt und ein Innehalten im aktuellen Zustand, ohne aber diesen zu verändern, bestimmen den ersten Schritt der Achtsamkeit.

Übung

Beispiel für eine Achtsamkeitsübung:

Schließen Sie die Augen und verharren Sie genau in diesem körperlichen Zustand, in dieser Körperhaltung, in der Sie sich gerade befinden. Führen Sie einen „Check" durch, von der Position der Zehen, der Füße, über Beine, Hüften, Oberkörper, Arme und überprüfen Sie Ihren aktuellen Spannungszustand. Nehmen Sie die Temperatur der einzelnen Körperteile wahr und beobachten Sie auch, ob die Position für Sie angenehm ist. Überlegen Sie, welche Position für Sie gerade noch angenehmer wäre, aber halten Sie dennoch in dieser Momentaufnahme inne.

Dieser Bodyscan bedeutet Stillstand und Diagnose. Ohne ihn wäre keine Veränderung möglich. Daher sollten im Laufe des Tages immer wieder solche Momentaufnahmen eingebaut werden, die man auf die Bewegung, auf das Gehen oder die sportlichen Aktivitäten, auf das Essen, auf den Alltag generell, ausdehnen kann. Es ist ein meditatives Ritual unter Einbeziehung aller Sinnesmodalitäten - optisch, akustisch, taktil. Diese Momentaufnahmen sollen, oder können auch auf die momentane Befindlichkeit in aktuellen Situationen gerichtet sein. Wie ergeht es dem gestressten Manager, der sich in belasteten Situationen bewusst wahr nimmt? Ist seine Stirn locker und entspannt oder nicht? Sind die Schultern nach oben gezogen? Wie ist der Muskeltonus? Wo wird erhöhte Spannung wahrgenommen? Welche Gedanken hat er?

Wenn einmal eine bewusste Wahrnehmung der Befindlichkeit über die Körpersprache und -haltung Gedanken und physiologische Ebene, erfolgt ist, dann folgt ein weiterer Schritt der Aufmerksamkeit: das bewusste Variieren und Experimentieren mit dem Verhalten und der Körperhaltung, um aus bestehenden Mustern ausbrechen zu können. Um beim gestressten Manager zu bleiben: Er stellt sich der Situation vor und nimmt bewusst eine extreme Seitenneigung ein, zieht die Schulterblätter nach hinten, wirft den Kopf nach links und verharrt in dieser Position, ehe er anschließend wieder zu seiner entspannten Mitte zurück findet. Damit wird die ausbalancierte Körperhaltung und Befindlichkeit bewusster und schneller umgesetzt. Und somit werden eingefahrene Denkmuster und Verhaltensmuster schnell und bewusst auch in realen Stresssituationen wahrgenommen. Neue, ökonomische Verhaltensweisen können leichter eingeleitet und automatisiert werden.

Im Stress begleitet uns meistens eine schlechte und unangemessene Körperhaltung.

Doch Stress macht „taub“ und beeinträchtigt unser Wahrnehmungssystem, weswegen diese unangemessenen Körperhaltungen nicht registriert werden. Somit treten im Laufe der Zeit Dysbalancen auf, die zu eingeschränkten Handlungsspielräumen unseres Körpers und später zu gesundheitlichen Schäden, chronischen Beschwerden und Krankheiten führen. Wegen der eingeschränkten Wahrnehmung sollen Achtsamkeitsübungen immer wieder durchgeführt werden. Das optimale körperliche und geistige Verhalten wird im Laufe dieses Prozesses immer wieder quasi automatisch und intuitiv eingeregelt und führt zu einer erwünschten Veränderung. Also:

- innehalten!
- variieren und experimentieren!
- in Balance sein
- automatisieren des gewünschten Verhaltens!

Die ersten beiden Schritte unterliegen dem bewussten Prozess der Aufmerksamkeit und können daher als Akt der Aufmerksamkeit bezeichnet werden. In weiterer Folge führt der Prozess hin zu einer inneren Balance, schließlich zur Automatisation und damit zu einer erwünschten unbewussten Verhaltensänderung.
Bewusste Veränderung setzt somit das unbewusst abrufbare Zielverhalten voraus!

Experimentieren mit Verhalten kann auch durch übersteigertes Verhalten sehr effizient gelöst werden. Im Stress werden die Muskeln noch mehr angespannt, Sie runzeln mit der Stirn, beißen die Zähne zusammen, machen vielleicht noch charakteristischere Bewegungen – aber: All dies kann auch durch ungewohnte Verhaltensweisen erreicht werden. Wenn Sie beispielsweise rückwärts die Stiegen hinauf gehen oder ein Glas Wasser mit der anderen Hand

als der üblichen aufnehmen. Immer das gleiche zu machen ist abtörnend. Etwas Neues erfahren fördert die Aufmerksamkeit.

Wie Routinen zu Problemen führen können

Betrachten wir einen Läufer:
Beim Joggen bewegt er sich immer in seinem Laufschritt. Nun führt er während des Laufens einen Achtsamkeitscheck durch. Er verändert nichts, doch er nimmt sich bewusst wahr - die Position des Kopfes, die Spannung in der Gesichtsmuskulatur, beobachtet den Beckenstand, die Position seiner Beine beim Laufen, ob er die Füße parallel aufsetzt, ob er den Boden zuerst mit der Innen- oder Außenseite berührt, ob er im Takt mit der Bewegung ist. Und er checkt, wie sein inneres Gefühl bei diesem Lauf ist.
Nun verändert und variiert er. Er verändert den Aufsatz der Füße, mal leicht nach außen, mal leicht nach innen; er zieht die Schulter bewusst nach oben und spannt die Arme an, experimentiert mit Laufstil und Körperhaltung und Seitenneigung. Anschließend versucht er, die für ihn angenehmste Laufhaltung rhythmisch und ausbalanciert mit dem richtigen Spannungstonus und der optimalen Körperposition herzustellen.

Je öfter nun unser Läufer diese Achtsamkeitsübung durchführt, umso schneller und intuitiver hat er den für ihn optimalen Laufstil verinnerlicht und einen Veränderungsprozess vollzogen. Dem Flow-Zustand und dem gesunden Glücksgefühl beim Laufen steht nun nichts mehr im Wege.

Zurück an den Start!

Vergiss den Erfolg!

Ergebnis- und Prozessorientierung

Der Unterschied zwischen Ergebnis- und Prozessorientierung kann am ehesten an folgendem Beispiel erläutert werden. Stellen Sie sich zwei Bergsteiger vor: Beide haben das Ziel, so schnell wie möglich den Gipfel zu erklimmen. Der ergebnisorientierte Bergsteiger ist mit seinen Gedanken bereits am Ziel und möchte nur so schnell wie möglich oben sein, den Gipfel abhaken und sich für das nächste Ziel bereitmachen. Der prozessorientierte Bergsteiger hat in seinem „Hinterkopf" auch das Ziel, so schnell wie möglich den Gipfel zu erreichen, freut sich aber über jeden Augenblick, in dem er dem Berg harmonisch-rhythmisch begegnet. Er möchte keinen Augenblick missen, sich leicht und schnell nach oben zu bewegen und findet bereits die Erfüllung in jedem Augenblick seines Tuns. Er ist mit den Gedanken im Hier und Jetzt. Irgendwann hat er sein Ziel erreicht, dieses jedoch wesentlich schneller als der ergebnisorientierte Bergsteiger. Er befand sich dabei im optimalen Leistungszustand.

Diese Metapher lässt sich auf viele Situationen des Lebens übertragen. Vergleichen wir nun die beiden Bergsteiger mit zwei Skirennläufern. Der Ergebnisorientierte steht am Start und muss auf das Siegerpodest fahren. Bei dem Gedanken, dieses Ziel zu realisieren, beginnt er zu verkrampfen. Er denkt: Was denken alle anderen über mich, wenn ich dieses Ziel nicht schaffe, die Medien, die Zuschauer? Der Erwartungsdruck steigt und das Skifahren, die Handlung per se, wird zur Nebensache, es zählt nur der Erfolg. Der Prozessorientierte möchte natürlich auch gewinnen, freut sich aber auf das Gefühl, den maximalen Speed aus den Kurven mitzunehmen und zu beschleunigen. Er genießt die Handlung und lässt sich von niemandem und durch nichts den Spaß am Skifahren nehmen.

Wer die attraktiven Seiten seines Berufes vergisst, da er nur die Zahlen und Umsätze im Kopf hat, aber den Spaßfaktor immer weiter reduziert, handelt ergebnisorientiert: die Lebensqualität sinkt. Der Prozessorientierte ist sich über die interessanten Herausforderungen seines Berufes bewusst, agiert flexibler, offener und entspannter in den einzelnen Geschäftsabschlüssen - und er wird dadurch auch erfolgreicher sein. Dieser Zustand im Hier und Jetzt öffnet unsere Sensoren der Wahrnehmung. Wir können uns in unser Gegenüber besser hineinversetzen, unser Gehirn zeigt umfassendere Aktivität, es eröffnen sich mehr Lösungsmöglichkeiten als im ergebnisorientierten Stress.

Erfolg bringt Liebe – oder nicht?

Sein und Leisten

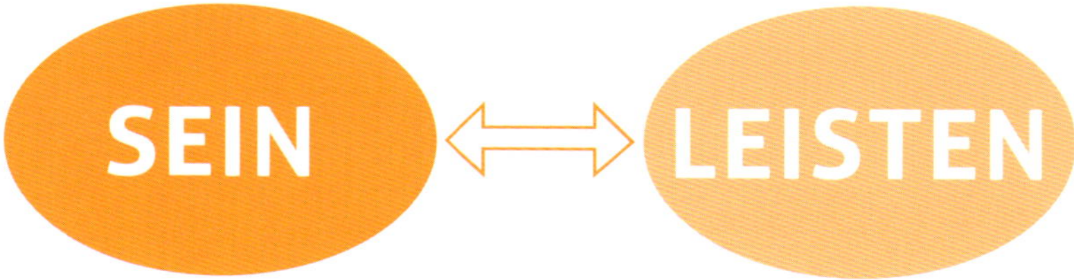

Die innere Zufriedenheit im Hier und Jetzt ist einem Seinszustand gleichzusetzen, einem Zustand also, in dem die handelnde Person völlig loslässt, sich von äußerem und innerem Erwartungsdruck freimachen kann und daher glücklich über ihre Existenz und dankbar ist, an dem Geschehen teilhaben zu dürfen. Gegenüber dieser Philosophie des Seins steht die Philosophie des Leistens bzw. das verbitterte Leistungsstreben, das den Handelnden immer wieder unter Druck setzt, sodass die Wertigkeit seiner Person nur über die Leistung, nur über den Erfolg definiert wird. Eine gesunde Persönlichkeitsentwicklung und ein gestärkter Selbstwert setzen eine ausgewogene Balance zwischen Sein und Leisten voraus.

Die Bedeutung der Leistung und des Erfolgs
in unserer Gesellschaft
wird durch die Erlebnisse
in unserer Erziehung geprägt.

Ein Beispiel dafür ist, wenn die Eltern dem Kind vermitteln: „Wir lieben Dich, weil Du ein so erfolgreicher Schüler/Sportler/Musiker bist." Das Kind erfährt Liebe, Anerkennung und Aufmerksamkeit aufgrund des Erfolgs und entwickelt dabei ein Selbstbild, in dem es nur geliebt wird, wenn es eben erfolgreich ist. Die Definition der Persönlichkeit des Menschen erfolgt ausschließlich über die Leistung. Da der Mensch ohne Liebe und Zuneigung nicht existieren kann, versucht er, immer noch mehr nach Leistung und Erfolg zu streben, um größere Anerkennung zu erfahren.

Krank nach Liebe und Anerkennung

Bleibt der Erfolg jedoch aus, werden die Misserfolge auf anderen Ebenen kompensiert, beispielsweise durch das Haben.

Es wird versucht, die Aufmerksamkeit der anderen durch materiellen Besitz auf sich zu ziehen (z. B. Auto, Wohnung, Kleidung, Schmuck), um dadurch Zuneigung zu erfahren.

Oder man versucht durch unerwünschte Verhaltensweisen aufzufallen, wie etwa durch Zu-spät-Kommen, sich in den Mittelpunkt stellen, um Aufmerksamkeit zu erregen. Fehlender Erfolg kann auch durch den sekundären Krankheitsgewinn kompensiert werden. Wenn beispielsweise die Frau erfährt, dass der Partner am Abend einen geschäftlichen Termin wahrnehmen muss, fühlt sie sich alleine und klagt über körperliche Beschwerden, wie beispielsweise Kopfschmerzen, die tatsächlich aufgrund der Stresssituation auftreten. Der Mann verschiebt daraufhin den Termin und kümmert sich um seine Frau. Der Krankheitsgewinn besteht darin, dass durch die Kopfschmerzen der Frau Zuneigung und Liebe zuteilwerden. Das Gehirn lernt dadurch, dass Kopfschmerzen belohnt werden. Belohnung führt generell zur Verstärkung eines Verhaltens, und dadurch wird die Wahrscheinlichkeit, dass ebendieses Verhalten häufiger zutage tritt, erhöht. Das nächste Mal, wenn sich die Frau alleine fühlt und sich nach Zuneigung sehnt, reagiert das Gehirn wiederum mit Schmerzen und die betroffene Person wartet auf die Befriedigung durch Zuneigung. Dadurch entsteht Abhängigkeit.

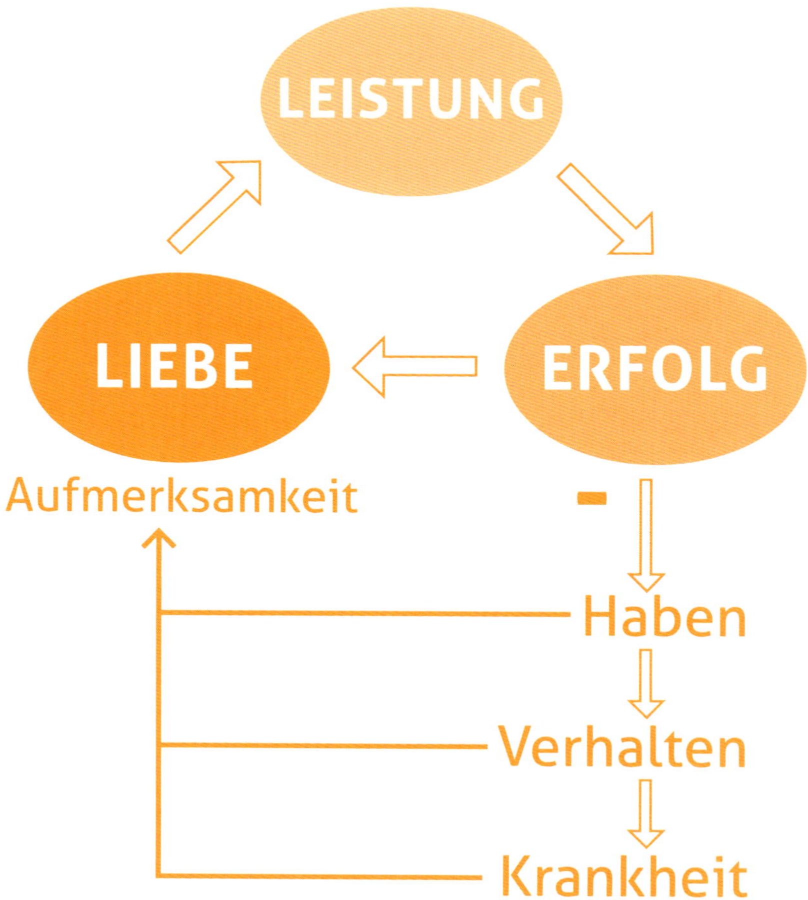

6

Im Sport werden unter Stressbedingungen oft vergangene und ausgeheilte Verletzungen wieder spürbar.

Häufig treten diese körperlichen Beschwerden an der Schwachstelle des Organismus auf. Sie drücken manchmal den Wunsch des Akteurs nach der Nähe des Physiotherapeuten, des Masseurs oder Arztes aus.

Liebe kümmert sich nicht um Erfolg

Der Seinszustand wäre vergleichbar mit der Situation, wenn die Eltern dem Kind vermitteln: „Wir lieben Dich, weil es Dich gibt." Die Aussage gewinnt eine existenzielle Dimension, auch etwas wert zu sein, ohne etwas geleistet zu haben. Dieses vermittelte Gefühl führt zu einem hohen Selbstwertgefühl des Menschen. Anzustreben ist eine Balance zwischen Sein und Leisten.

Die optimale Ausgewogenheit zwischen Sein und Leisten ermöglicht die Fähigkeit, auch in extremen Situationen loslassen zu können.

Erst wenn es unter großen Druckbelastungen wieder gelingt, mit sich eins zu werden, sich zu mögen allein aufgrund der Tatsache, dass man auf dieser Welt ist, macht es einen frei und gelassen und befähigt dazu, über sich selbst hinauszuwachsen und in den optimalen Leistungszustand zu gelangen.

Um die Bedeutung des Hier und Jetzt weiter zu verdeutlichen, bietet sich die Gegenüberstellung von Prozess- und Ergebnisorientierung an. So sind sich weltweit führende Motivationsforscher einig, dass der Erfolg nicht in der Ergebnis-, sondern in der Prozessorientierung liegt. Hier bewahrheitet sich auch der allseits bekannte Spruch „Der Weg ist das Ziel".

Der optimale Leistungszustand ist also jener Zustand, in dem der Akteur in seiner Handlung aufgeht. Er vergisst alles um sich herum, die Gedanken sind auf die automatisierte Aktion gerichtet und daher im Hier und Jetzt. Der österreichische Psychoanalytiker und Buchautor

Erich Fromm beschrieb bereits 1956 in seinem Werk „Die Kunst der Liebe“ diesen fokussierten Zustand mit folgenden Worten:

„Konzentriert sein heißt, ganz in der Gegenwart, im Hier und Jetzt leben und nicht, während man das eine tut, an das Nächste denken, das anschließend zu tun ist ...“

Viktor Frankl (1978) macht mit den Begriffen „Hyperreflexion“ und „Hyperintention“ am Beispiel der Paartherapie deutlich, dass sexuelle Probleme, vor allem Potenzstörungen, dadurch zustande kommen, dass der Mann um jeden Preis sexuell erfolgreich sein und etwas beweisen will (Hyperintention). Dies führt zu Verkrampfung und dahin, dass die Lust an der Handlung selbst mehr und mehr vergeht und reduziert wird. Ähnlich geschieht es bei der Frau, die permanent darüber nachdenkt, ob sie beim Sexualverkehr auch entspricht, ob sie zum Orgasmus kommt und nicht wieder enttäuscht werden würde (Hyperreflexion/Grübelkreislauf). Dies führt zum Libido-Verlust. Das Problem liegt wahrscheinlich daran, dass die beiden Sexualpartner mit ihrer Aufmerksamkeit mehr oder fast ausschließlich bei sich selbst sind und nicht beim Partner. Der Erwartungsdruck steigt ins Unerträgliche.

Für die beschriebenen Probleme setzte Frankl die Paradoxe Intention sehr erfolgreich ein. Hier wurde vom Therapeuten der Rat gegeben, künftig auf den sexuellen Verkehr zu verzichten und den Fokus auf die Gefühle des Partners zu legen. Diese Intervention nahm den Druck, sexuell entsprechen zu müssen, führte zum Loslassen der überhöhten Spannung - große Erfolge in der Sexualtherapie waren die Folge. Fazit: Zu hohe Ergebnisorientierung führt zu Verkrampfung und vermindert die Lust an der Handlung.

Loslassen ist etwas für Mutige

Wer sich mit der überhöhten Absicht, erfolgreich zu sein, in eine Aufgabe begibt, schaltet die Fähigkeiten des Unbewussten aus und blockiert das Fließgleichgewicht, verkrampft und riskiert, seine Möglichkeiten auf ein Minimum zu reduzieren. Bewusst glaubt man, mehr Wollen sei gleichbedeutend mit besserer Leistung. Je mehr man nach etwas strebt und je mehr man um jeden Preis das Ziel erreichen möchte, umso mehr verliert man die Lust und die Freude an der Handlung.

Loslassen fällt leichter, wenn es einem bewusst wird, dass es sich in dieser Aktion letztendlich nur um ein Spiel handelt und auch die Angst vor dem Versagen sich nicht aufschaukeln darf in Bereiche, die mit Leben oder Tod gleichzusetzen sind.

Wer während seiner Handlung bewusst denkt und analysiert, ist immer hinten an und blockiert eine runde, rhythmische, in sich selbst abgeschlossene Aktion. Daher ist es wichtig, auf seine eigenen Fähigkeiten zu vertrauen. Gefragt ist nicht der „linkshirnige“ Analytiker, sondern die kreative, gefühlsorientierte, „rechtshirnige“ Persönlichkeit. Der linken Gehirnhälfte werden in der Regel das logische, rationale und kritische Denken sowie daraus resultierend sprachliche und mathematische Fähigkeiten zugeordnet. Im Gegensatz dazu steht die rechte Gehirnhälfte für Visuell-Räumliches, Ganzheitliches, Intuitives, Umfassendes. Teilweise wird auch das westliche und östliche Denken den zwei Gehirnhälften zugeordnet; und auch auf die unterschiedliche Informationsverarbeitung der beiden Gehirnhemisphären wird immer wieder verwiesen: links geradlinig, rechts gleichzeitig und

ganzheitlich. Des Weiteren gibt es Ansätze, die die linke Seite für die bestätigte Wahrheit, die rechte für den Prozess der Wahrheitssuche verantwortlich machen. Die Theorien über die Gehirnhälften lassen nach wie vor viele Fragen offen.
Aus diesen Überlegungen heraus wäre es sicher sinnvoll, bei der ausgewogenen Entwicklung eines Menschen die ganzheitliche Ausbildung beider Gehirnhälften zu berücksichtigen.

Es gibt Zeiten, logisch zu analysieren, aber auch Zeiten für intuitives, ganzheitliches Handeln.

Beispiel für den Berufsalltag:

In der Pause zwischen zwei Besprechungen legen Sie die Strategie der kommenden Handlung fest und aktivieren somit die linke Gehirnhälfte. Die Besprechung selbst soll sich intuitiv, auf der Gefühlsebene, also rechtshemisphärisch, ganzheitlich manifestieren. Der angestrebte Zustand scheint nur dann aufzutreten, wenn die Aufgabe im Bereich der Leistungsfähigkeit liegt. Das heißt, die Handlungsanforderungen bzw. -möglichkeiten in einer bestimmten Situation müssen mit den Fähigkeiten einer Person im Gleichgewicht stehen. Dies bedeutet einen ständigen dynamischen Ausgleichsprozess zwischen Leistungsfähigkeit und Anforderung. Das fließende Gleichgewicht tritt dann auf, wenn die angestrebten Ziele oder Teilziele erreichbar und für den Menschen attraktiv sind. Durch ständiges Variieren der Aufgaben bringen Sie Abwechslung in Ihren Arbeitsalltag und motivieren sich dadurch. Übersteigen die Anforderungen Ihre eigenen Fähigkeiten, wird die daraus resultierende Spannung als Angst und Sorge erlebt. Liegen die Anforderungen weit unter Ihrem Fähigkeitsniveau, so ist Langeweile die Folge.

Die Motivation

Brechen Sie aus alten Mustern aus!

Die Veränderungsmotivation

Warum ist es so schwierig, aus seinen Gewohnheiten auszubrechen und sich zu verändern? Stellen Sie sich vor, Sie kommen nach dem beruflichen Alltag nach Hause und sind etwas erschöpft. Sie hatten in Ihren Gedanken allerdings vor, sich gerade heute nach der Arbeit etwas zu bewegen, spazieren zu gehen oder Sport zu treiben. Sie kommen nun nach Hause und Sie denken in Ihrem gewohnten Schema. Wie angenehm wäre es jetzt, sich auf das Sofa zu setzen, den Fernseher einzuschalten und etwas zu essen. So wird aus diesen Gedanken eine Handlung, die zu einem gewohnten Ablauf führt. Obwohl Sie wissen, dass es wesentlich gesünder wäre und dass Ihnen Ihr Arzt geraten hatte, etwas für Ihre Gesundheit zu tun, führen diese Ihre Gedanken unweigerlich zu Ihrem gewohnten Verhalten. Einer Gewohnheit, die schließlich zu Ihrem Schicksal werden kann.

Warum es nun so schwer ist, aus diesem Gewohnheitsritual auszubrechen, kann dadurch erklärt werden, dass die Gehirnzellen Informationen über die Synapsen weiterleiten. Wenn dieses Verhalten sich immer wieder wiederholt, entstehen Bahnen im Gehirn. Das heißt: Jedes Mal, wenn Sie ein Verhalten wiederholen, wird die Botschaft von Gehirnzelle zu Gehirnzelle schneller und ökonomischer übertragen. Die Dinge geschehen also fast von selbst. Die Übertragung erfolgt durch eine chemische Reaktion in der Synapse und die für die Übertragung verantwortlichen Substanzen (Vesikel) vermehren sich durch die Häufung der Handlung.

Wollen Sie nun aus diesem gewohnten Verhalten ausbrechen, benötigen Sie einen sehr, sehr hohen Energieaufwand und sehr viel Kraft, um sich gegen die Macht der Gewohnheit aufzulehnen und um eine neue Bahn (Verhalten) aufzubauen und zu entwickeln. Daher ist der einfachere Weg kurzfristig betrachtet, immer der bequemere, nur langfristig entstehen dabei Passivität und Resignation – man findet sich eben mit seinem Schicksal ab. Schlechtes Gewissen hin oder her.

Wenn zuviel Komfort zum Verhängnis werden kann

Vergleichen wir nun diese Macht der Gewohnheit mit einem Lernzonenmodell in Anlehnung an Senninger (2000), so wird uns deutlich, welche Gefahren durch Inaktivität in unserer so geliebten und doch so trügerischen Komfortzone auf uns lauern.

Diese Komfortzone bietet uns zwar wertvolle Sicherheit, Geborgenheit und auch Rückzugsmöglichkeiten (sie kann auch unsere

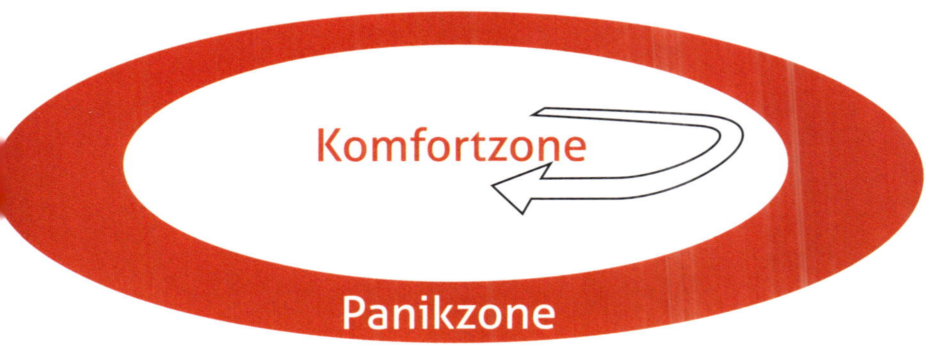

Regeneration fördern), führt aber häufig zu einer Hilflosigkeit und Angst, sich Neuem zu öffnen und Herausforderungen anzunehmen. Sie kann für Menschen, die alles besitzen, zu einer gewissen Leere führen. Viktor Frankl (1978) weist auf die Zunahme von Depressionen und Selbstmordraten der Menschen hin, die zwar viel besitzen, aber doch unglücklich sind. In diesem Zusammenhang spricht er vom „existenziellen Vakuum". Um den Sinn des Lebens zu finden, ist es wichtig, in der sogenannten Lern- und Entwicklungszone Erfahrungen zu machen, sich kleinen Herausforderungen zu stellen, Interesse und Neugier zu entwickeln, dem Neuen gegenüber aufgeschlossen zu sein. Es ist auch wichtig zur Entwicklung der Selbstkompetenz und der sozialen Kompetenz, um sich im Dschungel und im Chaos einer sich ständig verändernden Welt zurechtzufinden und sich immer wieder neu anzupassen. Organismen, die sich Veränderungen nicht adaptieren wollen bzw. können und sich daher nicht weiterentwickeln, sind zum Aussterben verurteilt.

Den Sinn des Lebens zu finden, ist daher von besonderer Bedeutung. Wichtig ist es, Ziele und Aufgaben zu haben und in soziale Netzwerke eingebunden zu sein. Natürlich sollte man strategisch und mental vorbereitet sein für die Herausforderungen des Lebens und nicht „ins offene Messer" laufen. Die Korrelation zwischen Können und Anforderung muss gewahrt sein, denn ansonsten droht der Sturz in die Panikzone, und Sie stehen übergroßen Anforderungen hilflos gegenüber. Die Probleme steigen dann ins Unermessliche.

Die Komfortzone ist wie ein Nest:
ist angenehm und warm, bietet Geborgenheit,
aber gerade auch deshalb keine
Weiterentwicklungsmöglichkeiten.

Allerdings können Sie ohne Komfortzone nicht auftanken und keine innere Ruhe finden. Deswegen muss die Strategie lauten: aus der Komfortzone sicher nach draußen agieren, und durch das hinzugewonnene Neue die Komfortzone erweitern.

Sich nicht weiterzubewegen bedeutet Rückzug, Flucht und Vermeidungsverhalten. Vermeidung bedeutet, dass es kurzfristig leichter wird, langfristig die Probleme aber deutlich zunehmen, die Ängste lebensbedrohlich werden, das Gefühl der Sinnlosigkeit kommt auf, das zur Resignation führt. Deswegen ist es so wichtig, sich neuen Herausforderungen zu stellen, um den Sinn des Lebens immer wieder neu entdecken zu können.

Die Balance zwischen Routine und Variation

Wann Routinen wichtig sind

Das Wort „Routine“ hat einen fahlen - und zum größten Teil auch falschen - Beigeschmack. Routine steht für Blockade und Verhinderung von Weiterentwicklung („weil wir das eh immer schon so gemacht haben“), steht für Behinderung der Neugier und Phantasie, ist also ein Motivationskiller. Und letztlich kann Routine zur Resignation führen, weil immer alles gleich abläuft. „Immer das Gleiche tun, aber auf ein anderes Resultat zu hoffen, ist ein Zeichen von Dummheit“, sagte Albert Einstein. Zu viel Routine führt, im negativen Sinne, zu Dummheit.

Übersehen wird jedoch allzu oft, welch positive Auswirkungen Routinen haben können:

Routinen erleichtern das Leben und gestalten es ökonomischer

- weil wir beispielsweise wissen, wo unsere Schlüssel oder Mobiltelefone liegen (sollten).

Routinen geben Sicherheit,

weil aufgrund von eingeübten Mustern bestimmte Handgriffe automatisiert, routiniert eben, erfolgen. Der Kletterer im Fels fühlt sich Herr der Lage, weil er aufgrund seiner Routine nicht nachdenken muss, was er zu tun hat.

Und letztlich bieten Routinen Schutz und Geborgenheit und fördern damit die Regeneration.

Zu wissen, dass man ein Heim hat, einen Partner, dem man sich anvertrauen kann, einen geregelten Tagesablauf, macht stärker und nicht schwächer. Und dennoch ist es - Routine.

Und wodurch werden Sie angetrieben?

Mit Energie zum Ziel

Motivation ist die Energie, die wir dafür zur Verfügung haben oder zur Verfügung stellen wollen, um bestimmte Ziele zu erreichen. Damit dieser Energiestrom auch zu fließen beginnen kann, ist es ganz besonders wichtig, dass die Zielfrage geklärt ist. Die Ziele sollten daher klar, realistisch und schrittweise erreichbar sein. Sind die Ziele zu hoch gesteckt und unerreichbar, entsteht häufig Frust und Enttäuschung. Daher ist es wichtig Teilziele abzuleiten und so step-by-step das übergeordnete Ziel zu erreichen. Prozessziele wie „den Rhythmus im Wettkampf finden“ sind motivierender, da diese auf die Handlung abzielen und dadurch nicht ausschließlich das Ergebnis anvisiert wird.
Angetrieben wird die Energie vom Motor, dem Beweggrund, dem sogenannten Motiv. Dieser Motor, auch als Triebfeder des Wollens bezeichnet, wird durch ein Defizit entzündet und die daraus entstandene Energie muss nun in das Verhalten umgesetzt werden. Wenn die Veränderungsbereitschaft ausreichend mit Energie versorgt wird, kann mit der zielorientierten Verhaltensänderung bzw. mit der Umsetzung begonnen werden.

Alle Maßnahmen und Verhaltensweisen auf dem Weg zum Ziel sollen auch Freude und Spaß am Tun auslösen.
Genießen Sie jeden Augenblick des Handelns und holen Sie sich ihre Verstärker bereits auf dem Weg zum Ziel.

Schon beim Erreichen kleiner Teilziele sollten Sie selbstverbalisierende Verstärker wie Lob und positives Zureden anwenden, um diese „Etappensiege“ abzusichern. Geraten Sie aufgrund unvorhersehbarer Ereignisse aus dem Konzept, ist es von größter Be-

Defizit:

Anerkennung:

deutung, dass Sie sich über diese positiven Selbstverbalisationen auf den richtigen Weg zurückbegeben und die Energie erneut zum Fließen bringen. Gelingt es, sollten Sie sich loben, um das Resultat abzusichern; misslingt es, soll Sie eine positive verbale Unterstützung wieder auf den richtigen Kurs zurückbringen. Überwundene Hindernisse auf dem Weg zum Ziel wie Verletzungen, Krankheit, Rückschläge etc. fördern den Energiestrom, da das Gefühl der Konfrontation mit Herausforderungen einerseits das Selbstwertgefühl erhöht und andererseits den lerngeschichtlichen Erfahrungs- und Entwicklungsaspekt um wertvolle Strategien der Überwindung von Störfaktoren erweitert. Daher können Sie nur die Strategie verfolgen, Probleme und Herausforderungen nicht zu vermeiden bzw. aufzugeben, sondern anzunehmen. Abhängig ist die Motivation von der Persönlichkeit, den Anreizbedingungen, der Attraktivität des Ziels bzw. der Aufgabenlösung und von der Erfolgserwartung. Die Persönlichkeitsstruktur - etwa mit dem inneren Drang Leistung zu erbringen als besonderes Merkmal - ist teilweise angeboren. Diese Leistungsorientierung eines Menschen kann sehr stark oder sehr schwach ausgeprägt sein. Ist sie schwach ausgeprägt, wird es wichtig sein, über verschiedenste Anreize seine Energie zu finden, wie zum Beispiel durch abwechslungsreiche, attraktive Aufgaben.

Die Erfolgserwartung sollte in jedem Fall hoch sein, daher ist es umso wichtiger, dass Sie sich mit klaren und kleinen realistischen Zielen auseinandersetzen und nicht in grenzenlosen Träumen schwelgen.

Die Erfolgserwartung wiederum ist abhängig von der Ausgewogenheit der eigenen Fähigkeiten im Verhältnis zu den gestellten Anforderungen und Aufgaben. Werden Anfänger ständig mit schwierigen Tätigkeiten überfordert, sinkt die Motivation. Ist die Leistungsorientierung zu hoch ausgeprägt, kann eine mögliche Überforderung durch Selbstüberschätzung ein limitierender Faktor in der Entwicklung sein. Eine realistische Zielsetzung ist auch hier von besonderer Bedeutung.

Tipps

„Ziele leben lernen"

Um überhaupt den inneren Antrieb zu aktivieren, sollten Sie sich ein Ziel vor Augen führen. Dieses Ziel sollte ein gedankliches Vorwegnehmen Ihrer zukünftigen Wünsche und Erwartungen beinhalten. Um die Verwirklichung eines Ziels gedanklich zu unterstützen, können Sie sich vorstellen, wie es sein wird, wenn sie es erreicht haben werden. Wenn Sie beispielsweise ein Haus planen, sollen Sie bereits gedanklich darin leben und sich vorstellen, wie es sein wird, wenn das Ziel realisiert ist. Wenn Sie an Gewicht abnehmen möchten, sollten Sie sich vorstellen wie Sie aussehen werden und was sich in ihrer Umgebung verändert haben wird, wenn Sie Ihr Traumgewicht erreicht haben werden. Erst wenn Sie sich dieses Ziel lebhaft vorstellen können, sind Sie auch innerlich bereit, Ihre mentale und zur Verwirklichung des Ziels erforderliche Einstellung zu verändern.

Fünf Gründe

Notieren Sie auf einen Blatt fünf Gründe, warum Sie die Arbeit so lieben und attraktiv finden. Im Anschluss daran schließen Sie Ihre Augen und versuchen, jeden dieser fünf Bereiche zu verinnerlichen, indem Sie das entsprechende positive Gefühl bewusst wahrnehmen. Die freiwerdende Energie (Freude, Motivation) bringt Sie zu Ihrem Ziel.

Lösungsorientierte Verfahren

Die Bewertung einer Situation wird sehr stark von unserem Regulationsmechanismus geprägt. Darunter versteht man Gefühle, Erinnerungen und Verhaltensweisen, die sich aufgrund unserer Erziehung und der Erfahrung der Lern- und Lebensgeschichte entwickelt und manifestiert haben. Das Gehirn hält alle Ereignisse unseres Lebens fest, wobei die entscheidendsten in unserer Kindheit liegen. Wenn Sie sich über Ihr eigenes Verhalten ärgern und es Ihnen nicht gelingt, Ihre Einstellung bzw. Ihr Verhalten zu ändern, sollten Sie sich die Zeit nehmen Ihr Problem und Ihre Befindlichkeit entweder auf einem Blatt Papier niederzuschreiben oder sich alle negativen Gedanken, Gefühle und Verhaltensweisen laut vorzusprechen. Nach all der negativen Darstellung Ihres Problems, das genau genommen schon über einen langen Zeitraum in einer gleichen oder ähnlichen Form immer wieder zu Tage tritt, sollten Sie sich zwei Frage stellen.

Was wäre in meinem Leben bzw. in einer konkreten Situation (Verhalten, Gefühle, Gedanken) anders, wenn ich dieses Problem nicht hätte?

Wer würde als Erster merken, dass ich mein Problem nicht mehr habe? (Und was würde man konkret merken?)
Erst wenn Sie sich diese Fragen beantworten können, konkret, bis ins letzte Detail, wird in Ihnen die Energie entfacht, diesen Soll-Zustand auch erreichen zu wollen. Stellen Sie sich nun vor, wie Sie sich in einer bestimmten Situation konkret in Ihrem erwünschten Zustand verhalten und fühlen werden. Beginnen Sie nun, Ihre hoffentlich realistischen Ziele Schritt für Schritt tatsächlich umzusetzen.

Verstärker

Sie gehen voller Erwartung den Tag an, plötzlich schleichen sich mehrere enttäuschende Fehler ein und Sie beginnen, diesen Tag gedanklich abzuschreiben. Sie lassen sich gehen und geben sich sozusagen Ihrem Schicksal hin. Um diese negative, oft energielose Situation zu überwinden, können Sie die Technik „Positive Verstärker" anwenden, wobei hier besonders zu beachten ist, dass positiv formulierte innere Aufforderungen die Motivation steigern und die Wahrscheinlichkeit, sich wieder zu fangen und an gelungene Verhaltensweisen anzuschließen, erhöht ist. Positive Verstärker haben vor allem die Bedeutung, die Auftretenswahrscheinlichkeit von gelungenen Handlungen deutlich zu erhöhen. Selbstbeschimpfungen hingegen, ähnlich wie Bestrafungen, können zwar theoretisch den Effekt erfüllen, dass unerwünschte Handlungen nicht mehr auftreten, gehen aber meist mit zwei negativen Begleiterscheinungen einher - mit Angst und Aggression. Angst führt in weiterer Folge zu Vermeidung und Rückzug in einer Situation, was die Tendenz, eine schlechte Phase abzuschreiben, weiter verstärken würde. Aggression geht auf Kosten der Kontrolle. Sie beginnen hektisch und unruhig zu werden und Sinnloses zu riskieren, um die Fehler wiedergutzumachen. Hinzu kommt, dass sich Ihre Autoaggression auch hierarchisch verschieben und Kettenreaktionen auslösen kann. Auf den Alltag übertragen kann diese Verhaltensübertragung so aussehen: Sie werden vom Chef kritisiert und übertragen den Ärger auf Ihre Sekretärin, diese gibt daheim ihren Frust an ihr Kind weiter und dieses misshandelt die Puppe.

Daher sollten Sie, um die Energie zu entfachen, Kürzel einsetzen, um positive Energiereserven zu mobilisieren. Diese können immer dann eingesetzt werden, wenn es zu „Hängern" im Tagesverlauf kommt. Positive Selbstgespräche müssen erarbeitet und in jeder kritischen Situation angewendet werden. Nur auf diese Art und Weise kann diese Technik stabilisiert werden. Die Weiterentwicklung auf die sogenannte Kürzeltechnik kann erst dann erfolgen, wenn dieses Kürzel mit positiven Selbstverbalisationen in gedanklicher Verbindung steht. Sie sollten dieses Kürzel (z. B. Power) dann gebrauchen, wenn Sie nochmals alle Leistungsreserven mobilisieren wollen. Einen Turbo sozusagen, der Ihnen den Sprung über die Mobilisationsschwelle ermöglicht.

„Spickzettel"

Sie haben persönliche Stärken, aber allzu oft vergessen Sie diese. Deshalb sollten Sie sich Ihre eigenen Pluspunkte auf kleinen Zetteln notieren. Immer dann, wenn Sie sich schwach fühlen, nehmen Sie sich einen aus dieser Sammlung heraus und erinnern sich an diese Stärke. Sie lesen etwas, was Sie ohnehin wissen, und erzielen dadurch einen doppelten Effekt.

Tagesverfassung und Selbstverantwortung

Ich armes, armes, armes Opfer.

Immer ich! Warum?

Wenn Sie am Tag eines sportlichen Wettkampfs aus dem Fenster blicken und feststellen müssen, dass die Wetterbedingungen regnerisch und windig sind, Sie sich an die schwierigen Rahmenbedingungen erinnern und an die negativen Erfahrungen, die sie gerade dort schon gemacht haben, dann spüren Sie ein Gefühl der Angst. Angst, zu versagen. Sie sind überzeugt, dass heute nicht Ihr Tag ist. Am liebsten würden Sie sich dann verkriechen und diese Herausforderung vermeiden.

Erfahrungen aus unserer Lebensgeschichte bestimmen die spätere Grundhaltung und die Gefühle.
Diese Einstellungen führenin kritischen Situationen häufig zu Denkgewohnheiten und automatisierten Grübelkreisläufen.

Hier stellt sich die Frage, wie und unter welchen Umständen es möglich ist, diese automatisierten Muster durch neue Erfahrungen zu überschreiben bzw. wie ein einmal entwickeltes Gefühl verändert und durch ein neues überlagert werden kann. In diesem Zusammenhang kam der Neurobiologe Gerald Hüther („Gebrauchsanleitung für das menschliche Gehirn“, 2006) zu der Erkenntnis, dass das Gehirn auch im Erwachsenenalter noch in einem hohen Maße strukturell formbar ist. Zwar können sich Nervenzellen nach der Geburt nicht mehr teilen (bis auf wenige Ausnahmen), sie sind jedoch zeitlebens in der Lage, ihre komplexen Verschaltungen an neue Nutzungsbedingungen anzupassen. Daher können wir, wenn wir innerlich dazu bereit sind, uns von unangemessenen Verhaltensmustern trennen und uns angemessene Verhaltensweisen und Einstellungen aneignen.

Eine schlechte Tagesverfassung ist keine Rechtfertigung für eine misslungene Handlung. Sie können sich jederzeit in Ihren optimalen Leistungszustand versetzen, auch wenn sich das Erreichen dieses Zustandes an einigen Tagen als schwieriger erweist und mühsamer ist als an anderen. Aber: Sie sind selbst für Ihre eigene Tages-

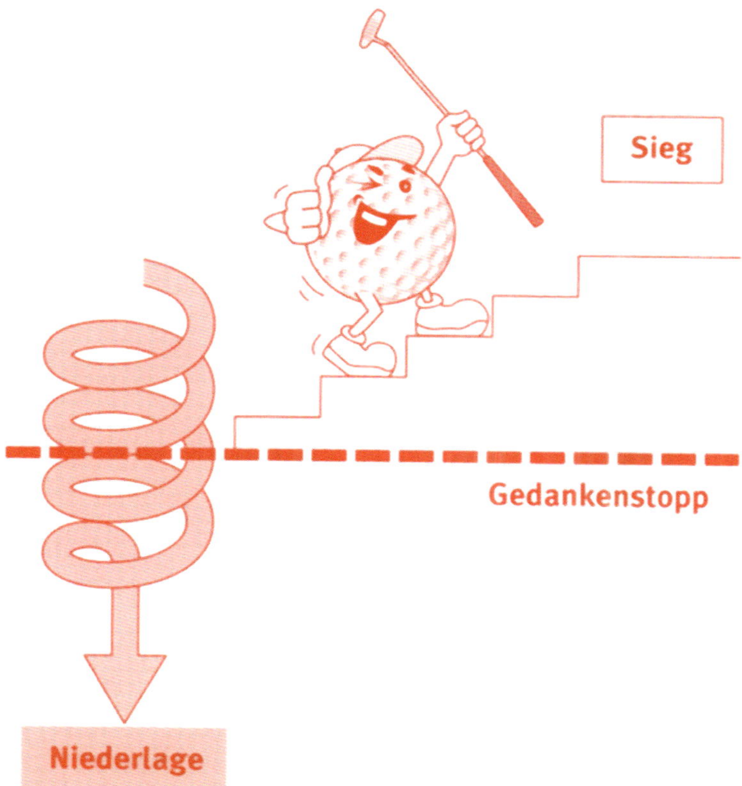

verfassung verantwortlich! Es ist dann an der Zeit, mit geeigneten Maßnahmen die negative Gedankenspirale zu durchbrechen und über aktive Verhaltensweisen Ihre Befindlichkeit zu erhöhen.

Zuerst müssen sie Ihre negative Gedankenspirale erkennen. Der beginnende Selbstbemitleidungsprozess, der Ihre Stimmung immer weiter nach unten schraubt, nimmt negative Ergebnisse und Bilder bereits vorweg und ruft Gefühle der Schwäche und der Unsicherheit hervor. Diese sich selbst erfüllende Prophezeiung muss mit einem deutlichen STOPP-Signal unterbrochen werden. Diese Technik wird als „Gedankenstopp“ bezeichnet.

Tipps

Der Tipp zur Umsetzung:

„STOPP! Halt’ endlich die Klappe!“

Sie merken, dass Sie sich energielos und in einem gedanklichen und emotionalen Selbstbemitleidungsprozess befinden. Ballen Sie Ihre Hand mit maximaler Intensität zwei bis drei Sekunden zu einer Faust zusammen und sagen Sie sich innerlich laut: STOPP. Sie können sich auch einen Blitz vorstellen, der Ihre negative Gedankenspirale durchdringt. Anschließend öffnen Sie spontan die Faust, entspannen sie und nehmen das Gefühl in Ihrem Unterarm und Ihrer Hand wahr. Nutzen Sie die kurze Unterbrechung Ihrer negativen Gedankenspirale und schalten Sie Ihr persönliches Notfallprogramm ein, das durchaus auf einen Spickzettel geschrieben werden kann. Schreiben Sie Ihre individuellen Übungen auf einen Zettel. Als Beispiel für ein Notfallprogramm will ich Ihnen die von mir entwickelte mentale Technik eines sehr berühmten Skirennläufers näherbringen.

Der Lösungsansatz

Am Wettkampftag anlässlich der Alpinen Ski-Weltmeisterschaften blickte einer der favorisierten Sportler in der Früh aus dem Fenster und sah Schneefall und Nebel. Daraufhin begann eine negative Gedankenspirale, ein Selbst-Bemitleidungsprozess: „Oh je, warum gerade heute, an diesem wichtigen Tag? Ich bin noch nie gut gefahren unter solchen Bedingungen. Warum muss mir das passieren? Ich bin wirklich arm.“ Normalerweise zieht sich der Skiläufer unter solchen Umständen zurück und findet sich mit seinem Schicksal ab. Anscheinend erwartet er bereits im Vorfeld in einer sich selbst erfüllenden Prophezeiung die Niederlage. Doch unser Sportler hat gelernt, sich mit der Technik Gedankenstopp aus diesem Zustand herauszubegeben. Er ballt die Faust und unterbricht diese Spirale. Dadurch entspringt er seiner Opferrolle. Allerdings würden nach kurzer Zeit die negativen Gedanken wieder neu entstehen, wenn er nicht sein bewährtes Notfallprogramm einsetzen würde.

Für diesen Sportler haben sich sechs Stufen bewährt:

1. **Raus aus dem Bett.** Dies hat auch die symbolische Bedeutung, gegen den mentalen Rückzug des Grübelns anzukämpfen und die Bahnen der Gewohnheit zu durchbrechen.

2. **Frische Luft.** Der Sportler öffnet das Fenster und stellt sich vor, wie die Frischluft seinen Körper mit neuer Energie durchströmt.

3. **Lachen.** Nun bewegt sich der Läufer ins Badezimmer und zieht die Mundwinkel 60 Sekunden lang fest nach oben.

4. **Aktivierung.** Nun klopft er mit maximaler Frequenz rund fünf Sekunden lang abwechselnd rechts und links auf das Gesäß und tritt mit den Füßen mit maximaler Geschwindigkeit auf der Stelle (Skippings).

5. **Rhythmisierung.** Der Sportler bewegt sich rhythmisch zum Takt der Musik, wird dadurch motiviert und empfindet ein leichtes, tranceähnliches Gefühl.

6. **Autosuggestion.** Er spricht mehrmals seine autosuggestive Formel „Schwung für Schwung locker und frei genießen" und verbindet diese Aussage mit der Vorstellung einer gelungenen Handlung.

Anschließend begibt sich unser Sportler zum Frühstück und ist mental gut vorbereitet auf die kommende Herausforderung, auch wenn seine Kollegen sich eine Verschiebung bzw. gar Absage des Rennens nur allzu gut vorstellen können. Diese aktiven Verhaltensmaßnahmen zur Verbesserung und Veränderung der Befindlichkeit bei negativ beeinträchtigter Tagesverfassung können natürlich auch direkt am Ort des Geschehens in einer Kurzform jederzeit eingesetzt werden. Kippt plötzlich die positive Stimmung aufgrund eines unerwarteten Ereignisses, kann bereits über drei Atemzüge, gekoppelt mit einer positiven Selbstverbalisation, die Laune kurzfristig wieder gehoben und verbessert werden. Daher sollten Sie ein langfristiges Notfallprogramm zur Veränderung der Grundstimmung, aber auch ein kurzfristiges eingeübt haben, um bereits in wenigen Sekunden Ihren optimalen Leistungszustand wiederherstellen zu können.

Ein Politiker reagierte immer sehr emotional, wenn er von einem bestimmten Kontrahenten verbal attackiert wurde. Um nicht immer in sein altes Muster zu verfallen, wurde auch hier ein kurzes Notfallprogramm einstudiert. Immer dann, wenn er angegriffen wurde, begann er seinen Kugelschreiber zu drehen und dabei ruhig durchzuatmen, bevor er verbal konterte. Das Signal mit dem Kugelschreiber war für ihn das STOPP-Signal, um nicht automatisch wieder in sein altes Verhalten zu verfallen. Somit lernte er, in dieser Stresssituation sachlich zu argumentieren.

Versetzen Sie sich mental in den erwünschten Zustand und wenden Sie Ihr Notfallprogramm bereits in der Vorstellung über einen Zeitraum von mindestens vier Wochen täglich an!

Üben Sie diese Verhaltensprogramme aber auch zusätzlich in der Realität regelmäßig. Wenn Sie sich nämlich unter Stress befinden, neigen Sie dazu, gewohnte Verhaltensweisen oder Stereotypen durchzuführen, ob diese nun der Situation angemessen sind oder nicht. Das heißt: Verhaltensweisen, die kaum trainiert wurden, sind in kritischen Situationen nicht abrufbar. Verhaltensprogramme zeigen in Verbindung mit positiven Vorsätzen, autosuggestiven Formeln und Bildern eine besonders günstige Wirkung.

Die 4 Wege zum Glück

Die Ebenen der Befindlichkeit und ihre Bedeutungen

Es sind mehrere Ebenen, die unsere Gefühlswelt ausmachen und beeinflussen. Diese müssen zusammenspielen, wenn die optimale Befindlichkeit erreicht werden soll. Die Befindlichkeit und der Leistungszustand lassen sich in der Grafik (rechts) verdeutlichen.

Der Domino-Effekt zum Hochgefühl

Das Zusammenspiel folgender vier Ebenen ist für das Erreichen des optimalen Leistungszustands verantwortlich

Gedanken-Ebene
Spannungs-Ebene
Verhaltens-Ebene
Gefühls-Ebene

Gedanken-Ebene

Wir denken ständig, und unsere Gedanken und Bewertungen entstehen aufgrund unserer Lerngeschichte. Darunter versteht man Erfahrungen, die uns das ganze bisherige Leben bis zum heutigen Tag geprägt haben, den Umgang mit schwierigen Situationen in der Vergangenheit, Erziehungsstile, Glaubensmodelle. So bewerten wir ständig Situationen, die wiederum zu positiven oder negativen Stressreaktionen führen können. Nicht die Tatsachen verursachen Probleme, sondern meist unsere Bewertung dieser.

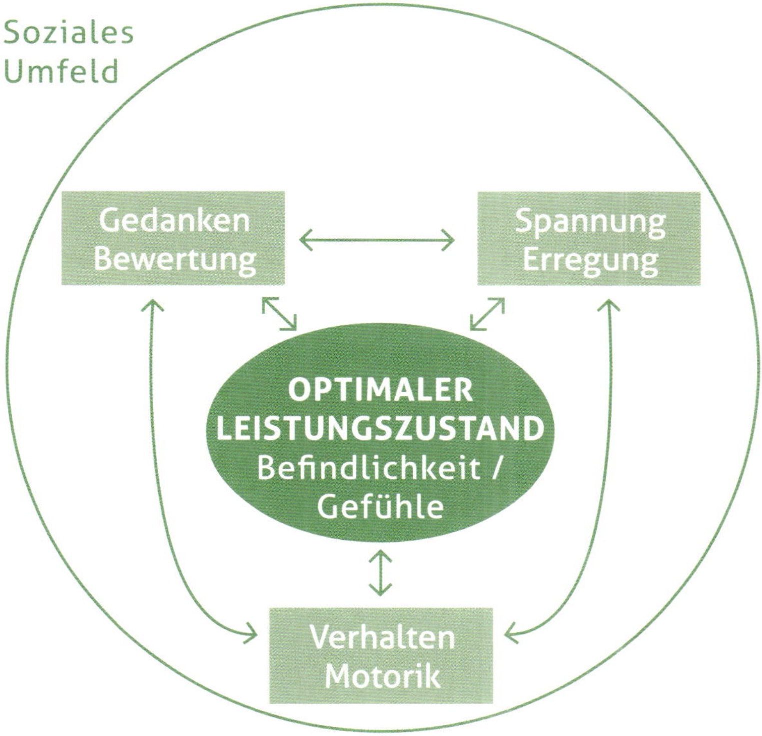

Spannungs-Ebene

Diese wird häufig auch als physiologische Ebene bezeichnet und soll vereinfacht zum Ausdruck bringen, dass sich unser Aktivierungsniveau ständig zwischen den Polen Panik und Tiefschlaf bewegt. Um leistungsfähig zu sein, gibt es für fast alle Situationen des Lebens einen optimalen Spannungsbereich. Die Kunst ist es, den aktuellen Spannungsbereich wahrzunehmen und den optimalen herstellen zu können. Bewegt sich das Spannungsniveau nach oben, sollen Relaxationstechniken umgehend eingesetzt werden können. Senkt sich dieser nach unten, sollten wir in der Lage sein, durch Mobilisationstechniken den Spannungspegel zu heben.

Verhaltens-Ebene

Aktivitäten führen häufig zu Stimmungsänderungen. Diverse Verhaltensprogramme sollten gut vorbereitet in bestimmten Situationen zum Einsatz kommen. Sportler bereiten sich mit Startvorbereitungs-Ritualen auf ihren Einsatz vor und bekommen durch diese Abläufe Sicherheit. Sie haben auch ihre Notfallprogramme, sollten unvorhersehbare Situationen eintreten. Bewegung kann zu Endorphinausschüttungen führen, die zur Aufhellung der Stimmungslage beitragen. Ebenso führt Bewegung zu einer Verbesserung der Verarbeitungskapazität im Gehirn. Durch rhythmische Links-rechts-Bewegungen sollen die Gehirnhälften angeregt und die Pupillenaktivität gefördert werden. Weiters ist das Verhalten eines energielosen, depressiven Menschen stark durch Isolation und Rückzug geprägt. Der Aufbau von Aktivitäten gilt hier als bewährtes Therapiemittel. Die Körpersprache – Mimik, Gestik – spiegelt unsere Befindlichkeit wider. Wir können durch eine bewusste Veränderung unserer Körpersprache auch unsere Stimmung und Befindlichkeit verändern.

Um Stimmungszustände zu verändern, können bereits körperliche Aktivitäten sehr hilfreich sein. Wenn man beispielsweise nach einem anstrengenden Arbeitstag erschöpft am Sofa liegt und eigentlich noch etwas unternehmen wollte, ist man aufgrund der eigenen Bequemlichkeit vielleicht mit sich selbst unzufrieden. Wenn dann das Telefon läutet, wenn man von einem Bekannten überredet wird, nun doch mit ihm auszugehen, dann ändert sich meistens die Stimmung: Man fühlt sich besser. Sie haben nichts anderes getan, als Ihre Befindlichkeit über eine Verhaltensweise zum Positiven verändert.

Gefühls-Ebene

Der optimale Leistungszustand und unsere Befindlichkeit werden häufig als Gefühl wahrgenommen. Der optimale Gefühlszustand wird zumeist zwischen den Polen Angst und Langeweile angesiedelt. Neben den Emotionen gibt es auch ein Bewegungsgefühl, die Sensoren und Rezeptoren befinden sich in den Muskeln, Sehnen, Bändern und Gelenken und vermitteln uns, ob die Bewegung harmonisch, rhythmisch und ökonomisch verläuft. Weiters beeinflussen Emotionen unser Verhalten. Freude macht uns schneller, Ärger ebenso. Trauer und Resignation machen uns langsamer. Es handelt sich dabei um Energieverteilungsmuster, die uns steuern.

Sie können auf jeder dieser Ebenen den Zugang zum optimalen Leistungszustand finden.

Gelingt es, schalten sich alle anderen Ebenen dazu. Haben Sie ein gutes Gefühl, stimmen die Gedanken, die Spannung ist in einem optimalen Bereich und Sie verhalten sich selbstkompetent. Wer den optimalen Leistungszustand erreicht hat, dem bleibt lediglich ein euphorisches Gefühl in Erinnerung. Das Ziel ist, dass Sie dieses Gefühl verinnerlichen und abspeichern, um es jederzeit abrufen und stabilisieren zu können.

Die Gedanken-Ebene

Wer steuert eigentlich Ihre Gedanken?

Der Aufbau des Gehirns

Um Zusammenhänge zur mentalen Einstellung besser zu verstehen, darf ein - wenn auch sehr vereinfachter - Blick in unser Gehirn nicht fehlen. Es ist aufgebaut wie eine Zwiebel (vgl. Hüther 2006).

Der älteste Teil des Gehirns ist der Hirnstamm. Dieser ist bereits vor der Geburt festgelegt und regelt alle überlebensnotwendigen Funktionen unseres Organismus, beispielsweise Atmung und Herz-Kreislauf-Systeme. Für die Entwicklung des Hirnstamms spielt die pre-natale Phase eine entscheidende Rolle.

Theoretisch könnten wir nur mit dem Hirnstamm leben, allerdings wäre dann unser Dasein nicht sehr attraktiv und lustvoll.
Denn um die für unser Leben wichtigen Emotionen ins Spiel zu bringen, benötigen wir das limbsche System. Es ist eine Ansammlung komplizierter Strukturen in der Mitte des Gehirns, die den Hirnstamm wie ein Saum (lat.: limbus) umgeben. Schmerzfasern gelangen auch in das limbische System, wo die Schmerzinformation mit unbewussten oder emotionellen Inhalten vermischt wird. Der Mensch reagiert also in bestimmten Situationen, die überwiegend predispositioniert sind, limbisch, d.h. die Gefühle steuern die Aktivierung der Organe und Regelkreise, und wir reagieren entweder mit Kampf-Flucht-Verhalten bzw. Totstellreflexen.

Wollen wir nun unsere Emotionen kontrollieren bzw. verändern, benötigen wir eine dritte Schicht, das Groß-Hirn. Dieses ist zeitlebens formbar, ausbaufähig und erweiterbar (vgl Hüther, 2002). Gedanken, Bewertungen, Erfahrungen, neue Reize bieten die Chance, unterschiedliche Gehirnzellen zu aktivieren und unseren Horizont zu erweitern. Mentales Training geschieht im Groß-Hirn. Durch mentales Training, Umbewertungsprozesse und durch Probehandlungen - also dem Durchspielen von Situationen - eröffnet sich ein direkter Zugang, Emotionen zu kontrollieren.

Ein allein limbisch denkender Mensch wäre seinen Trieben gedankenlos ausgeliefert; das Groß-Hirn kann somit als Regulator eingreifen.

Über Einstellung zum Erfolg

Viele Prozesse, die eigentlich den Gedanken zuzurechnen sind, laufen unbewusst ab.

Oft werden bewusste kognitive Abläufe einfach aus Ökonomiegründen mit der Zeit automatisiert.

Um Veränderungen im kognitiven Bereich zu erreichen ist es daher wichtig, sich unbewusst ablaufender Prozesse bewusst zu werden. Die Änderung von Denkinhalten ist eine mit Anstrengung verbundene Tätigkeit, da Denkmuster automatisiert ablaufen und dadurch wesentlich weniger Energie benötigen als die Erarbeitung neuer Denk- und Verhaltensweisen. Die Bequemlichkeit ist der größte Feind der Veränderung. Eingefahrene Denkmuster verstärken häufig irrationale Ansichten und Ideen. Diese sind nicht generell als falsche Schlussfolgerungen zu verstehen, sondern vor allem als Übertragungen von Lebensmaximen und Glaubenssetzungen. Wenn zum Beispiel die Maxime „Alle Menschen sind immer gut" auf jeden sozialen Kontakt, auch zu sich selbst, angewendet wird, ist eine häufige Enttäuschung bzw. ein geringes Selbstwertgefühl kaum zu vermeiden. „Nicht die Dinge an sich beunruhigen den Menschen, sondern seine Sicht der Dinge!" Diese rational-kognitive weltanschauliche Aussage von Epiktet, einem griechischen Philosophen aus der Zeit 50 n. Chr., soll die Bedeutung unterstreichen, dass in der Erziehung nach Auffassung der Stoa, einer um 300 v. Chr. gegründeten philosophischen Schulrichtung, eine gelassene ruhige Haltung gegenüber den Ereignissen einzunehmen ist. Die Beunruhigung sollte nicht dadurch gesteigert werden, dass sich Menschen Probleme um diese Ereignisse machen. Bei Ereignissen handelt es sich um Tatsachen, die nicht veränderbar sind; nur die Einstellung zu den Tatsachen kann verändert werden. Menschen sollten demnach lernen, Begriffe und Emotionen zu trennen. Situationen sollten aus einer gewissen Distanz sachlich bewertet werden.

Einig oder uneinig? Die drei Ichs in meinem Ich

Die Bewertung einer Situation wird stark von unserem Regulationsmechanismus geprägt. Darunter versteht man Gefühle, Erinnerungen und Verhaltensweisen, die sich durch Erziehung sowie Erfahrung der Lern- und Lebensgeschichte entwickelt und manifestiert haben.

Das Gehirn hält alle Ereignisse unseres Lebens fest, wobei die entscheidendsten in der Kindheit liegen.

Sie sind im Langzeitgedächtnis abgespeichert und bleiben fast unbegrenzt erhalten. Um eingeschliffene Gedächtnisbahnen zu verändern bzw. neue Bahnen anzulegen, wird eine Auseinandersetzung mit den in der Kindheit entstandenen Mustern empfohlen. Diese aufgezeichneten Erlebnisse und die mit ihnen verbundenen Gefühle können jederzeit in einer bestimmten Situation aktiviert werden und tauchen genauso lebendig auf, wie sie ursprünglich einmal waren.

Es sind Reaktionen des Kindes auf das, was seine Eltern sagten und taten. Es entsteht eine lückenlose Aufzeichnung der inneren Ereignisse, die in Reaktion auf die äußeren Ereignisse der ersten Lebensjahre stattfindet. Die nachhaltigsten Ereignisse sind Gefühle. Häufig werden diese Gefühle in der Gegenwart abgerufen, wenn wir in eine ähnliche Situation wie in der Kindheit gelangen, wenn wir in die Enge getrieben werden oder ungerechten Beschuldigungen bzw. zu hohen Anforderungen ausgesetzt sind. Zu unseren Erfahrungen aus der Kindheit gehören unsere Triebe und Instinkte sowie die Neugier und die Intuition. Sie umfassen die Freude und die Traurigkeit. Somit bilden die Erlebnisse der ersten Lebensjahre einen großen wertvollen Teil unserer Persönlichkeit, wenn ihr genügend Freiraum zugestanden wird, um ihre Erfindungskraft, Kreativität und Spontaneität zu entfalten, wenn wir in der Lage sind, in entscheidenden Situationen auf das spielerische Kind umzuschalten, um loszulassen und die Situation spannend und reizvoll genießen zu können. Es kann uns helfen, in den Zustand des Seins zu gelangen. Andererseits können Kindheitserinnerungen aber auch einen sehr problematischen Bereich unserer Persönlichkeit darstellen, wenn in ihnen ängstliche, gehemmte oder egozentrische Elemente die Oberhand haben. Bewältigungsstile die wir in bestimmten Problemsituationen anwenden, um Spannungen zu reduzieren, wurden häufig aus einem Ungleichgewicht zwischen den Bedürfnissen der Eltern und unseren kindlichen Wünschen manifestiert. Unangemessene Maßnahmen und Strategien die in uns fest verankert sind, können im Laufe des Lebens zu massiven Beeinträchtigungen unserer Befindlichkeit führen (vgl Jacobs/Arntz 2011).

Zur Entfaltung der Persönlichkeit gehört die Ausgewogenheit zwischen Neuheit und Sicherheit.

Diese Balance ergibt die sinnvolle Lebensentwicklung, die zur optimalen Leistungsentfaltung führt.

Der Sicherheit zu viel Bedeutung zuzumessen, alle Energie für die Aufrechterhaltung der Sicherheit aufzuwenden, nur für schlechte Zeiten zu sparen und jeglichem Wagnis aus dem Weg zu gehen bedeutet zwar, dass wir sehr wohl sicher sind, aber meist auch isoliert und eigentlich nicht lebendig. Auf der anderen Seite ist auch ein Zuviel an Veränderungsbereitschaft und Neuheit der optimalen Entwicklung einer Persönlichkeit nicht zuträglich, außer Sie spielen gerne „Russisches Roulett".

Sehnsüchte, die wir das ganze Leben lang behalten, sind Sicherheit, Neuheit und den Sinn des Lebens zu erfahren.

Häufig werden Aussagen bzw. Verhaltensweisen von Mitmenschen als sehr verletzend empfunden. In der Transaktionsanalyse spricht man dabei von Gefühlszuständen, die durch das „Kindheits-Ich" hervorgerufen werden. So löst Kritik Gefühlszustände aus, die Sie bereits als kleines Kind erlebt haben, und Sie werden in diesem Augenblick zu jenem kleinen, verletzten Kind. Der Kritisierende übernimmt dabei möglicherweise die Rolle eines strengen Vaters, Lehrers usw., das sogenannte „Eltern-Ich". Die momentane Situation wird auf Kindheitsmuster übertragen. Ziel der Transaktionsanalyse ist es, zu analysieren, warum Sie eine solche Übertragung durchführen und in bestimmten Situationen immer in dieses kindliche Muster zurückfallen. Sie begeben sich sozusagen auf eine Spurensuche. Wenn Ihnen diese kritischen Situationen bewusst geworden sind, sollten Sie sich Strategien überlegen, wie Sie das Problem heute lösen würden. Damit können Sie sich vor solchen Problemsituationen schützen, können sachlich handeln, verfallen nicht in die Schrecksekunde einer Handlungsunfähigkeit. Ein sachliches, weiterentwickeltes Ich wird in der Transaktionsanalyse als „Erwachsenen-Ich" bezeichnet. Das „Kindheits-Ich" ist unter anderem auch für die Grübelkreisläufe und für eingefahrene Verhaltensmuster verantwortlich (vgl. Harris 2001).

Geist und Körper lassen sich nicht trennen

Ein Pendelversuch ist ein anschauliches Beispiel dafür, dass durch Vorstellungsbilder körperliche Reaktionen ausgelöst werden, derer wir uns nicht bewusst sind. Durch die intensive Vorstellung kommt es zu einer zwar kaum wahrnehmbaren, unbewussten motorischen Aktivität in den Fingermuskeln, die aber das Pendel in die innerlich vorgestellte Richtung schwingen lassen. Unsere Gedanken beeinflussen unser Handeln, unsere Motorik und veranlassen unsere Muskeln dazu, Bewegungen auszuführen. Die Tatsache, dass das gedankliche Nachvollziehen von Bewegungsabläufen ohne tatsächliche Durchführung bereits zu muskulären Aktivitäten führt, wird als ideomotorische Reaktion oder als Carpenter-Effekt bezeichnet. Der optimale Leistungszustand tritt dann ein, wenn unsere Gedanken im Hier und Jetzt unsere Handlungen unterstützen. Diese Pendelübung sollten Sie täglich zwei bis drei Minuten als Konzentrationsübung durchführen. Sie lernen, Ihre Aufmerksamkeit auf eine gewünschte Handlung zu fokussieren. Trainieren Sie auch unter Störfaktoren, bei laufendem Radio oder Fernseher, Autolärm oder Ähnlichem! Kontraproduktive Gedanken lösen Widerstände aus und stören einen harmonischen Bewegungsablauf. Inwieweit Bilder auch unsere Befindlichkeit bzw. die glatte Muskulatur unserer Organe beeinflussen, ob die permanente Angst vor Erkrankungen eine erhöhte Aktivität in diesen Bereichen auslöst und Veränderungen hervorrufen kann, soll in diesem Zusammenhang nur als Denkansatz angesprochen werden.

Nehmen Sie nun ein Pendel. Halten Sie es über ein Fadenkreuz. Das Pendel sollte sich nun in der Mitte befinden. Stellen Sie sich nun vor, das Pendel schwingt entlang der senkrechten oder waagrechten Linie bzw. dreht sich im oder gegen den Uhrzeigersinn. Machen Sie nichts, beobachten Sie nur! Was passiert?

Wie aus Feinden Freunde werden

Die Störfaktoren

belastende Störfaktoren:

Sie mögen Ihren Arbeitsplatz nicht, weil es dort zu laut ist. Die Tätigkeit, die Sie derzeit verrichten, ist nicht besonders anspruchsvoll. Sie werden kritisiert. Sie bauen einen natürlichen Widerstand auf und merken, dass ein unangenehmes Gefühl der Unsicherheit hochkommt. Dann ärgern Sie sich noch über einen Mitarbeiter, der alles hinauszögert. Negative Gedanken, Nervosität, unsichere und ängstliche Verhaltensweisen (Schultern hochziehen, hastige Bewegungen, autosuggestive Beschimpfungen, Unentschlossenheit usw.) stellen sich ein – und Ihre alten Fehler, die Sie schon so gut kontrollieren konnten, kommen wieder zum Vorschein. Häufig sind es Gedanken, die aufgrund Ihrer Erfahrung und Lerngeschichte Gefühlszustände hervorrufen, die bewirken, dass Sie sich in einer Situation mehr oder weniger wohl fühlen. Es ist niemals die Situation selbst, die Ihnen Probleme verursacht, sondern Ihre Einstellung und Ihre Gedanken dieser gegenüber.

Nehmen wir an, Sie könnten 100 Prozent Ihres Leistungspotenzials entfalten, wenn Sie Störfaktoren mental kontrollieren könnten. Gelingt dies nicht, dann wird sich Ihr Leistungspotenzial dementsprechend reduzieren (100 Prozent minus Störfaktoren). Ihre Aufgabe wird es nun sein, in einem ersten Schritt alle möglichen Störfaktoren, die Ihnen schon einmal Probleme bereitet haben bzw. bereiten könnten, aufzulisten und sich mit ihnen konfrontativ auseinanderzusetzen.

Optimaler Leistungszustand = 100 %

abzüglich STÖRFAKTOREN wie

- Arbeit
- Mitarbeiter
- Konkurrent
- Arbeitsplatz
- Zeitdruck

Ergebnis ??? %

Jeder Störfaktor wirkt sich als Widerstand für den Organismus aus. Das heißt, negative Gedanken beeinflussen „online" unsere Körperspannung. Unsere Muskulatur wird in leichte Spannung versetzt; diese Verspannungen setzen im Körper besonders an jenen Stellen an, die Schwachpunkte aufweisen. Bei manchen befinden sich diese in der Nacken- oder Lendenmuskulatur oder in der Frontalis-Muskulatur. Dass negative Gedanken den Muskeltonus erhöhen, kann aufgrund von Biofeedback-Methoden nachgewiesen werden (EMG). Damit unser Organismus aufgrund unserer Bewertung im Umgang mit Störfaktoren nicht durch eine dauerhafte Stressbelastung beeinflusst wird, müssen wir lernen, Situationen umzubewerten. Als Fallbeispiel soll hier eine Klientin erwähnt werden, die mit schwerer Depression und Suizid-Gedanken in meine Praxis kam und das Problem vor allem mit den Bergen, die sie zu erdrücken drohten, besonders im Spätherbst, hatte. Sie führte einen Kampf gegen die Tatsache „Berg", den sie nie gewinnen konnte. Die Frau wollte die Region nicht verlassen und hatte daher nur eine einzige Chance: ihre Einstellung zu ändern und damit auch ihre Befindlichkeit zu verbessern, indem sie lernte, mit den Störfaktoren umzugehen. Die Therapie zielte vor allem darauf ab, dass sich die Frau mit den Störfaktoren aktiv auseinandersetzte. So musste sie sich informieren über die Entstehung der Gebirgszüge dieser Region, musste die Berge zeichnen, Steine mitbringen und analysieren, um die attraktiven Seiten der Berge kennenzulernen - so lange, bis sie schließlich begann, die Berge zu berühren und Besteigungen durchzuführen. So hatte diese Klientin sich mit ihrem Störfaktor arrangiert und ihn in ihr System integriert. Die Widerstände lösten sich auf, die Energie kam zurück.

Häufig wird Konkurrenz als Störfaktor wahrgenommen. Hier geht es ebenfalls darum, diesen nicht zu vermeiden und Ausreden zu suchen, sondern um die aktive, mentale Auseinandersetzung. Erfolgreiche Sportler und Manager können sehr genau analysieren, welche Eigenschaften sie von Konkurrenten lernen können, welche sie aufnehmen und welche sie verwerfen. So wird der Konkurrent nicht zum Feindbild, sondern zur Entwicklungschance, und damit leistet dieser einen wertvollen Beitrag zur eigenen Befindlichkeit.

integrierte
Störfaktoren:

Folgender Ablauf hat sich beim Mentaltraining bewährt:

- Analysieren Sie jeden einzelnen dieser Störfaktoren.
- Suchen Sie positive, attraktive Seiten für jeden davon.
- Finden Sie ihn spannend und erwecken Sie Ihre eigene Neugier.
- Fühlen Sie sich dabei wie auf einer Expedition.
- Suchen Sie diese Störfaktoren auch auf und beschäftigen Sie sich auch in der Realität damit.

Ziel dieser gedanklichen Auseinandersetzung mit den Störfaktoren ist es zum einen, Strategien zu entwickeln, wie Sie damit umgehen können, zum anderen aber auch, deren positive Seiten zu entdecken und diese mit einer Daseinsberechtigung auszustatten. Erst dann wird sich der Widerstand lösen und Sie können Ihren optimalen Leistungszustand erreichen. Der Störfaktor soll als Freund genutzt und positive Energie daraus gewonnen werden.

Wünschen Sie sich Ihre Wirklichkeit herbei!

Autosuggestive Formeln

Autosuggestive Formeln sollen helfen, erwünschte Zustände herzustellen.

So soll beispielsweise beim Zustand „Lockerheit“ sehr genau differenziert werden, wo Sie in Ihrem Körper Lockerheit am besten spüren können - z. B. in den Schultern, in den Gesichtsmuskeln, im Nacken. Fragen Sie sich, wie Sie sich bewegen, wenn Sie locker sind, wie Sie auf andere Menschen wirken, und wie es sich anfühlt, wenn Sie angespannt und verkrampft sind.

Mit dieser Methode soll der erwünschte Zustand auch aktiv hergestellt werden und mit unerwünschten Zuständen verglichen werden. Das Spiel mit unterschiedlichen Zuständen führt zu Erkenntnis und Einsicht!

Wenn der Zustand „Lockerheit" hergestellt werden kann, dann sollte dieser Begriff ähnlich wie im autogenen Training immer wieder vorgesprochen werden, sodass sich eine mentale Verbindung zwischen Geist und Körper entwickelt.

Sie sollten positive Argumente, attraktive Seiten und erwünschte Gefühlszustände für Ihre Alltagstätigkeiten wie Arbeit, Haushalt, Kindererziehung etc. sammeln, um sich diese bewusst zu machen.

Entwickeln Sie aus den positiven Befindlichkeitszuständen motivierende Vorsätze wie beispielsweise „Tag für Tag harmonisch und kompetent das Leben genießen" usw.

Autosuggestive Formeln sind Vorsatzbildungen, die in drei Schritten ablaufen sollten:

1) Zielbildung

Hier sollte erarbeitet werden, welches prozessorientierte Ziel Sie erreichen möchten, warum gerade dieses Ziel für Ihre persönliche Entwicklung ausschlaggebend ist. Das Ziel sollte hinterfragt werden. Genießt es vorrangigen Stellenwert? Ist es realistisch? Ist es umsetzbar?

2) Die Bildung einer autosuggestiven Formel

Hier sollte eine Formulierung gewählt werden, die das Ziel metaphorisch beinhaltet und entpersonifiziert wiedergibt. Das heißt: Formulierungen mit dem Wort „Ich" sollten dabei unberücksichtigt bleiben, da die Sache im Vordergrund zu stehen hat. Die kurze

Formulierung kann sich auch reimen, damit sie besser zu merken ist bzw. den Humor besser anspricht, positiv(er) klingt und beim Vorsprechen leichter einem Rhythmus unterliegt. Sie soll in der Gegenwartsform formuliert werden, eine Sprachmelodie und gleichzeitig ein innerliches Lächeln entwickeln. Ziel ist, dass sie zu einem Ohrwurm wird, weil sie wiederholenden Charakter hat. Deswegen könnte am Ende oder am Anfang der Formulierung stehen: „Tag für Tag“, oder: „immer wieder“, oder aber auch: „vom Start bis ins Ziel“, oder: „Locker und frei, immer dabei“. Zum Beispiel: „Ist der Geist hell und klar, nimmt man Dinge besser wahr - Tag für Tag“.

3) Anwendung und Umsetzung

Sie sollten die Anwendung der Formel in ein Verhaltensritual, in gewohnte alltägliche Handlungen integrieren. Es kann beispielsweise mit dem täglichen Zähneputzen gekoppelt werden. So könnten Sie sich immer dann Ihre Formel aufsagen, ehe Sie am Telefon antworten. Beim Aufstehen, vor dem Schlafengehen usw. Wichtig ist dabei, daß sie sich mental mit den dazugehörigen Gefühlen in den erwünschten Zustand versetzen.

Gib die Verantwortung zurück!

Die Rationale Emotive Therapie

Die Rationale Emotive Therapie nach Ellis geht davon aus, dass jedes Problem nach einem ABC-Schema aufgeschlüsselt werden kann.

A steht dabei immer für die Ausgangssituation, B für die Bewertung der Ausgangssituation, C für die Konsequenz. In einem ersten Schritt listen Sie die Problemsituation auf (A) und als Bewertung (B) beschreiben Sie den negativen Grübelkreislauf, der immer wieder eine Endlosschleife provoziert und sich zu einem Gefühl der persönlichen Wertlosigkeit steigert. Als C beschreiben Sie die sich daraus entwickelnden Konsequenzen, die ein Rückzugsverhalten und einen Leistungsabfall mit sich bringen.

In einem zweiten Schritt listen Sie wieder das Problem auf. Sie sollen dabei nicht an einer Veränderung der Situation arbeiten, da Sie diese ohnehin kaum beeinflussen können; vielmehr sollten Sie die Bewertung ändern, denn aufgrund der geänderten Bewertung verändern sich auch die Konsequenzen.

Suchen Sie also Gründe die mit Ihnen als Person wirklich nichts zu tun haben.

Häufig erweist es sich als sehr hilfreich, wenn man eine humorvolle, nicht verletzende Antwort auf die Kritik bereit hat, um den Kritisierenden zum Nachdenken zu bringen.

Umbewertung

Eine Umbewertung könnten Sie so durchführen, dass Sie fünf Gründe suchen, warum Sie beispielsweise von Ihrem Vorgesetzten kritisiert werden. Keiner der fünf Gründe darf jedoch mit Ihnen persönlich in Zusammenhang stehen. Sie sollten dabei versuchen, sich in den Kritisierenden hineinzuversetzen. Wenn Sie das Problem von sich selber wegnehmen und auf den Kritisierenden übertragen, dann können Sie auch Ihre Handlung unbeeinträchtigt fortsetzen. Zur Umbewertung der Ausgangssituation suchen Sie Argumente, warum Sie vom Vorgesetzten kritisiert worden sind, aber keines der Argumente dürfen Sie auf sich selbst beziehen!

A Auslöser / Situation	B Bewertungssystem	C Konsequenz / Verhalten
Der Chef kritisiert mich.	„Was habe ich falsch gemacht.“ „Er mag mich nicht!“ „Ich bin nicht gut genug.“ „Ich bin schlecht!“	Enttäuschung Rückzug Leistungsverschlechterung Selbstmitleid
Umbewertung	*Umbewertung*	*Umbewertung*
Der Chef kritisiert mich.	„Er steht beruflich unter Druck.“ „Er hat private Probleme.“ „Er möchte mit Kritik motivieren!“	Kritik sachlich bewerten. Leistung kann aufrecht erhalten bleiben.

Konkrete Anwendung:

Sollten Sie von einem Arbeitskollegen kritisiert werden und in einen negativen Grübelkreislauf hineingeraten, dann gehen Sie wie folgt vor.

– **Zustandsregulation:** Spannen Sie alle Muskeln im Bereich des Oberkörpers an, ziehen Sie die Schultern nach oben, lassen Sie diese anschließend spontan fallen. Stellen Sie sich dabei vor, Sie bauen 80 bis 90 Prozent Ihrer Spannung auf und lassen diese dann auf 0 Prozent sinken. Anschließend machen Sie drei ruhige und tiefe Atemzüge: Blasen Sie dabei die Luft aus, als würden Sie in der Vorstellung den Ärger wegblasen.

– Machen Sie sich bewusst, nicht wieder in die Rolle des gekränkten Kindes zu verfallen, sondern **nehmen Sie die Rolle eines sachlich denkenden Erwachsenen ein,** der in jedem Augenblick Würde behält.

– Schlüsseln Sie Ihr Problem **nach dem ABC-Schema** in der aktuellen Variante auf.

Zur Umbewertung der Ausgangssituation suchen Sie nach Argumenten, warum Sie kritisiert worden sind, aber keines dieser Argumente dürfen Sie auf sich selbst beziehen!

Finden Sie eine Lösung, in der Sie in einem zweiten Schritt vom gleichen Problem ausgehen und die Bewertung verändern. Suchen Sie fünf Gründe, weswegen sie kritisiert werden, die mit Ihnen persönlich nichts zu tun haben dürfen, das Verhalten des Kritisierenden aber verständlicher machen.
Zum Beispiel: Der Kritisierende lenkt von seinen eigenen Problemen ab, er möchte durch Kritik motivieren, er erinnert sich an eigene Probleme und Lösungsansätze durch Korrektur anderer, es geht ihm um die Sache und nicht um mich, er verhält sich so, wie er es

gelernt hat, ohne jede Absicht, verletzend zu sein. Dann werden sich auch die Konsequenzen aus dem Problem verändern.

- **Entwickeln Sie einen Leitsatz** aus einem der fünf Gründe, der Ihnen am besten in Ihr Konzept passt und verbalisieren Sie diesen in Situationen des Grübelns, zum Beispiel mit „Ratschläge sachlich und gelassen aufnehmen".

- **Spielen Sie die Problemsituation mehrmals täglich mental durch** und fühlen Sie dabei, wie die negativen Emotionen hochkommen und Ihr Kindheitsmuster durchbricht. Entspannen Sie sich, bemühen Sie sich, die Situation sachlich umzubewerten und „erwachsen" zu reagieren. Nachdem Sie die Situation sachlich analysiert haben, können Sie - wenn noch notwendig - ein Gespräch mit Ihrem Vorgesetzten, Arbeitskollegen, Partner usw. führen. Sie werden sich in diesem Gespräch „erwachsener" verhalten und ruhiger argumentieren als in einem emotional belastenden Zustand.

Mach weiter wie bisher! Und sieh die Vorteile in den Nachteilen!

Paradoxe Intervention

Paradoxe Intervention wird dann angewandt, wenn ein unangenehmes bzw. belastendes Verhalten einfach nicht verändert werden kann, beispielsweise, wenn Sie zwar immer wieder vorgeben, sich beherrschen zu wollen, es aber einfach nicht schaffen.

Von außen bekommen Sie sinngemäß zu hören, was für ein Flegel Sie seien, wie sehr Sie sich daneben benähmen, wie sehr Sie anderen auf den Wecker gingen. Trotz aller negativer Resonanz gelingt es Ihnen nicht, Ihr Verhalten zu verändern. Die Gründe dafür liegen tiefer.

Sie haben dort ihre Wurzeln, wo Sie tief im Inneren, im Unterbewusstsein, mehr positive Gefühle und Argumente für Ihr Verhalten empfinden, von denen Sie geprägt werden, sodass Sie eigentlich gar nicht loslassen wollen. Der Gewinn, der aus dem unerwünschten Verhalten resultiert, ist wesentlich höher als jener, der mit dem Verlust der alten Gewohnheiten in Verbindung gebracht wird. Sie erleben Ihr Problem ich-synton. Das bedeutet, das Problem ist ein Bestandteil Ihrer Persönlichkeit und wird dadurch nicht wirklich problematisch erlebt. Erst wenn die Problematik als ich-dyston, also distanziert, außerhalb der Persönlichkeit wahrgenommen wird, entsteht bei Ihnen die innere Bereitschaft, die Motivation, Ihr Verhalten zu verändern. Um diesen Prozess auszulösen, die Energie in Ihnen zu entfachen, sollten zuerst Aspekte gefunden werden, warum das unerwünschte Verhalten Vorteile bietet und warum der Trennungsschmerz von dieser Gewohnheit so gravierend ist. So sehen Sie als emotionale Person Vorteile in Ihrem Verhalten, wie zum Beispiel: Sie fühlen sich nach einem Wutausbruch einfach besser, Sie wollen nichts in sich hineinfressen und psychosomatisch erkranken, Sie wollen Ihren Weg gehen und nicht allzu sehr auf Ihre Umwelt Rücksicht nehmen. Werden die positiven Aspekte des unerwünschten Verhaltens von anderen erkannt, fühlen Sie sich wesentlich besser verstanden - und sie werden sogar zugänglich für eine Veränderungsstrategie. Spricht man Sie jedoch ausschließlich auf Ihr fehlerhaftes Verhalten an, werden Sie sich aller Wahrscheinlichkeit nach auch mental zurückziehen, und der ich-syntone Bestandteil dieses Verhaltens wird innerhalb Ihrer Persönlichkeit weiter ausgebaut und verstärkt.

Rauchen? Auch Vorteile?

Es kommt ein Klient, der den Wunsch äußert, mit dem Rauchen aufzuhören. Das Problem des Rauchens beschäftigt ihn schon seit vielen Jahren. Noch nie hatte er seinen geheimen Wunsch dauerhaft realisieren können. In der paradoxen Intervention kann man bei einem Klienten, der andauernd seinen Wunsch nicht realisieren konnte, davon ausgehen, dass seine Gedanken sehr ambivalent sind. Einerseits möchte er zu rauchen aufhören, andererseits aber auch nicht. In seiner Lerngeschichte bekam er immer nur die negativen Auswirkungen seines Problems zu hören, und es veränderte sich nichts. In der paradoxen Intervention würde man gerade jetzt zum Klienten sagen: Rauche weiter, weil es für Dich sicherlich auch viele Vorteile beinhaltet. Die Vorteile sollen in einem Gespräch erhoben werden. Sie könnten beispielsweise sein: Rauchen entspannt mich, ich kann meine negativen Gedanken besser abschalten, ich fühle mich sicherer und habe eine Möglichkeit, mit anderen Rauchern über das Rauchen zu kommunizieren (haben Sie Feuer?). Aus diesen Gründen würde man sagen: Rauch weiter, es hat für Dich viele Vorteile. Auch wenn man ihm ehrlicherweise mitteilen muss, dass Rauchen auch negative Konsequenzen haben kann. In seiner aktuellen Situation überwiegen aber die Vorteile, und er möge entspannt weiterrauchen.
Sehr häufig fühlen sich dadurch Menschen mit ambivalenten Gedanken verstanden, und es wird ihnen sehr viel Druck genommen. Vielleicht liegt die Motivation gerade darin, dass in der Vergangenheit die Schuldgefühle und negativen Meinungen zum Problem sich im Gehirn zu einer Gewohnheit entwickelt haben. Die Erleichterung der paradoxen Intervention führt häufig zu einem Umdenkprozess.

Paradoxe Intervention darf nicht angewendet werden, wenn sich Drogen und selbstzerstörerische Gefahren, wie Suizid und andere akute Gefahren, hinter dem Problem verbergen.

Konkrete Anwendung:

1. Vorteile des Problems analysieren und verstärken.
2. Aufforderung, das Verhalten weiterhin beizubehalten.
3. Ansprechen der negativen Konsequenzen.
4. Nochmalige Verschreibung: Rauchen ist für Dich gut, weil es viele Vorteile mit sich bringt, wie zum Beispiel Entspannung, Erholung etc. Also mach es weiter. Auch wenn die Statistik darauf hinweist, dass Lungenkrankheiten die Folge sind, bringt es für Dich mehr Vorteile, also mach es weiter.

Etikette? Wirklich egal?

Sie neigen dazu, nach einer misslungenen Handlung ausgesprochen emotional und aggressiv zu reagieren. Sie knallen Ihre Arbeitsunterlagen wutentbrannt auf den Tisch oder schleudern Ihr Sportgerät durch die Gegend. Sie schimpfen lautstark mit sich selbst und schaffen dabei für Ihre Umwelt eine spannungsgeladene Atmosphäre. Damit bringen Sie nicht nur sich selbst, sondern auch andere aus ihrem Rhythmus.
Sie analysieren Ihre emotional unkontrollierte Verhaltensweise und stellen dabei fest, dass dieses Verhalten gegen die Etikette bzw. gegen grundsätzliche Verhaltensformen in der Öffentlichkeit verstößt. Sie schaffen es aber einfach nicht, Ihr Problem loszuwerden.

Sie begeben sich auf die Suche nach den Gründen Ihres Verhaltens und setzen sich mit den Vorteilen, die sich aus dem Verhalten ergeben, auseinander. Beispielsweise könnten diese sein: Spannungsabbau und innerliche Befreiung nach dem Frusterlebnis. Es ist besser, Konflikte nach außen zu tragen als nach innen zu fressen, und Sie brauchen dieses Verhalten ganz einfach, um ausgewogen zu sein. Also würde vieles dafür sprechen, sich weiterhin so zu verhalten. Warum eigentlich nicht?

Die negativen Konsequenzen sollen nun sachlich analysiert werden. Ihr Verhalten ist unfair gegenüber anderen, die Sie dadurch aus der Konzentration bringen, Sie machen sich unbeliebt und könnten Ihr Umfeld verletzen.

Nun sollten Sie für sich selber abwägen, wo für Sie die größeren Vorteile liegen und einen Satz niederschreiben/vorsprechen, der folgendermaßen lauten könnte: „Für mich ist es besser, meine Aggressionen nach einer misslungenen Handlung nach außen zu tragen. Ich kann damit die Spannung abbauen und mich vom Druck befreien. Also verhalte ich mich weiter so. Natürlich nehme ich meinen Arbeitskollegen die Freude, mit mir gemeinsam zu arbeiten, und ich laufe Gefahr, in Zukunft auf deren Kooperation verzichten zu müssen."
Diese ambivalente Betrachtung regt zum Nachdenken an und ist in vielen Fällen wesentlich effizienter und wirkungsvoller, als sich von außen oder innen zu bestrafen und mit dem drohenden Finger ausschließlich die negative Seite immer wieder in einem monotonen Prozess zu hören bzw. sich selbst vorzusprechen. Es wird Ihnen plötzlich die Erleuchtung kommen, und es wird die Energie in Ihnen entfacht, ein alternatives Verhalten in Ihrem Leben zu entwickeln.

9

Das Vorstellungstraining

Beim Vorstellungstraining geht es prinzipiell darum, sich mit einer Handlung mental zu beschäftigen und diese zu optimieren.

Sowohl der Sportler, der an seiner Technik arbeitet, als auch der Manager, der an seine nächste Diskussionsrunde und seine nächsten Handlungsstrategien denkt, sollten ihre Vorgangsweisen bzw. Strategien gedanklich durchspielen und geistig festigen. Dadurch kann man sich besser auf die kommende Herausforderung mit all ihren Problemstellungen einstellen.

Die Durchführung des Vorstellungstrainings sollte nach folgenden Punkten erfolgen:

- Entwicklung einer persönlichen Bewegungsvorschrift (schriftlich)
- Bewegungsvorschrift (Kurzfassung) durch Selbstgespräche auswendig lernen
- Knotenpunkte festlegen
- Gefühlhaft-rhythmische Codierung

In einem ersten Schritt sollte der Akteur seinen Bewegungsablauf mit allen Details gedanklich durchgehen bzw. laut vor sich hersagen. Dann soll er dieses vorgesehene Schema quasi in Aufsatzform schriftlich formulieren. Diese Bewegungsanleitung wird nun zusammengefasst (Kurzfassung) und auswendig gelernt. Anschließend soll er die wesentlichen Punkte herauspicken (Knotenpunkte) und zum Bewegungsablauf rhythmisch sprechen. In einem weiteren Schritt wird die Bewegung auf ein bis zwei Kürzel reduziert und die Handlung im Wettkampftempo rhythmisch unterstützt.

Sehr gut eignen sich für die Vorstellung auch Verstärker wie Metaphern, die die Gefühlsebene ansprechen und Erinnerungen und Erfahrungen reaktivieren, an die angeknüpft werden kann. Für den Sprinter kann eine Metapher beispielsweise heißen: „Explodiere am Start wie eine gespannte Sprungfeder beim Lösen". Ein Diskuswerfer wiederum kann sich lebhaft eine Aufforderung vorstellen, die lautet: „Blockiere wie eine Tür, die gegen den Türstock geschmettert wird und so abrupt abgestoppt wird". Für diesen Vorgang hat sich der Werfer das Kürzel „BLOCK" ausgewählt.

Das Vorstellungstraining am Beispiel eines Judokas

Der technische Ablauf eines Wurfes wird auf die fünf wesentlichen Punkte zusammengefasst. Beim Hüftfeger (Harai Goshi) sind dies der Gleichgewichtsbruch, der Körperkontakt, das Schwingen des Beines, der Hüfteinsatz und die Körperrotation.

Dieser Wurf ist insofern schwierig auszuführen, da der Werfende sein Gleichgewicht auf einem Bein halten muss, während er in Aktion ist.

Zuallererst muss der Werfende danach trachten, den Schwerpunkt des Gegners richtig zu verlagern. Führt er die Technik auf der rechten Seite aus, muss sein Konkurrent dessen rechtes Bein belasten, also im Begriff sein, mit dem linken nach vorne zu ziehen. Dann zieht der Handelnde mit seiner linken Hand, die den Ärmel der Jacke des Gegners hält, seinen Widersacher nach links oben. Mit seiner rechten Hand am Jackenrevers des Gegners drückt er nach links (Gleichgewichtsbruch).

Der Körperkontakt entsteht, indem der Werfende die Position

wechselt. Er setzt seinen rechten Fußballen diagonal zum rechten Fuß des Gegners auf und dreht ihn dann nach links ein. Zugleich führt er seinen linken Fuß in einem kleinen Bogen um den rechten herum. Nun steht er mit seinem Rücken zum Gegner. Da er ihn aber mit den Händen zu sich gezogen hat, ist dieser an seiner Hinterseite quasi fixiert.

Das linke Bein - das Standbein also - des Handelnden bildet in der Kniekehle einen leichten Winkel, ist gebeugt. Wenn nun der eigentliche Wurf beginnt, nutzt der Aktive sein rechtes Bein wie ein Pendel: er holt nach vorne aus, schwingt es knapp unterhalb des Knies gegen das rechte Bein des Gegners und zieht es voll nach hinten durch (Schwingen des Beines). Vollendet wird der Wurf durch Strecken des linken Beines.

Aber nicht die Aktion des schwingenden Beines ist für das Gelingen des Wurfes entscheidend, sondern das Drehen der Hüfte (Hüfteinsatz) und die Verwringung des Oberkörpers des Werfenden nach links (Körperrotation). Beim Harai Goshi kommen somit die Prinzipien Drehen und Anheben zur Wirkung.

Für die oben genannten fünf wesentlichen Punkte soll der Sportler nun fünf Kürzel entwickeln.

> Er nennt den Gleichgewichtsbruch „glei“,
> den Körperkontakt „kor“,
> den Schwung des Beines „schwi“,
> den Hüfteinsatz „hü“
> und die Körperrotation „rot“.

Nun imitiert er die Bewegung langsam und spricht die vollständigen Worte dazu. In einem weiteren Schritt dann nur mehr die Abkürzungen. Dann sucht der Judoka für die gesamte Bewegung ein einziges Kürzel und versucht, dieses an den Rhythmus der Bewegung anzupassen. Während der Ausführung des Bewegungsablaufs wird dieser beispielsweise durch das Kürzel „ha-rai“ unterstützt. Dies soll er im Training verinnerlichen.

Das Videotraining

Besonders günstig auf das Vorstellungstraining wirkt sich auch das Videotraining aus. Ein Judoka soll sich eine Videoaufzeichnung seines Vorbildes als nachahmenswertes Modell ansehen, in dem dieses gerade den zu übenden Wurf ausführt. Allerdings sollten lediglich Modelle gewählt werden, die in Charakteristik, Körperstatur, Persönlichkeit dem Judoka entgegenkommen und ähnlich sind. Während die gewünschte Bewegung betrachtet wird, sollen die Kürzel innerlich vorgesprochen werden. Beim Betrachten sollen die Augen nach und nach geschlossen werden, so lange, bis auch die zeitliche und dynamische Struktur der Bewegung verinnerlicht ist. Schließlich sollte die Vorstellung soweit verinnerlicht werden, dass sich der Beobachter in der Rolle des Handelnden sieht und nicht in jener des Zuschauers.

Die höchste Stufe des ideomotorischen Trainings besteht darin, sich die Bewegung in der Innenperspektive lebhaft vorstellen zu können. Dabei werden die Sinnesorgane aktiviert. Die Vorstellung kann dabei durch die Imitation der Bewegung unterstützt werden.
Die Vorstellung vom Gegner sollte einige Variationen beinhalten. Beim Schattenboxen beispielsweise stellt sich der Athlet ganz konkret vor, wo der Gegner steht, was er gerade macht, wie groß und schwer er ist. Denn ansonsten ist man dann überrascht, im Ring, auf der Judomatte, auf der Fechtplanche einen zu kleinen, schweren, großen, leichten, langsam-bedächtigen, schnell-spritzigen Konkurrenten anzutreffen.

Vorstellungstraining in der Praxis

Im Training und auch Wettkampf soll sich der Sportler seine Übungen vorher bereits vorstellen (Preplay), sich mental auf die Handlung einstimmen und nach seiner Aktion (Realisation) im Replay bestimmte Schwächen der tatsächlich ausgeführten Handlung in der Vorstellung auslöschen, dabei auch Korrekturen von außen mit einbeziehen. Erst jetzt ist der Sportler wieder bereit für den nächsten Versuch oder die neue Handlung.

Bewegungen können über mentales Training schneller erlernt und umgelernt werden.
Nach längeren Unterbrechungen kam man über das mentale Training einen schnelleren Einstieg in das Techniktraining schaffen: Denn das Gefühl für die Bewegung kann länger konserviert werden.
Mit mentalem Training kann man Übungsversuche deutlich erhöhen: In der Realität ist es ein einziger Versuch, mit Pre- und Replay aber drei. Dies ist in vielen Sportarten, in denen der konditionelle Faktor eine große Rolle spielt, überaus wichtig. Ein Wasserspringer beispielsweise kann aus acht bis zehn wettkampfnahen Versuchen vierundzwanzig bis dreißig machen.
Durch mentales Training kann er sich auf den Wettkampf einstimmen und in den optimalen Leistungszustand versetzen.

Mentales Training ist nicht ortsgebunden, weitgehend materialunabhängig und kann somit jederzeit durchgeführt werden.

Ein weiterer Vorteil dieser Technik ist, dass die Gedanken auf die Handlung konzentriert sind und somit nicht leicht abschweifen.
Weiters hat der Sportler dadurch die Möglichkeit, sich auf einen Punkt, der bislang immer seinen Schwachpunkt darstellte, besonders zu konzentrieren.

Wenn in der Vorstellung der Ablauf einer Aktion fehlerhaft ist, soll sich der Akteur nicht den Fehler vorstellen und hoffen, dass er endlich verschwinde, sondern er soll sich in sein Ruhebild begeben und das mentale Training verschieben - oder den Fehler in der Vorstellung einfach zulassen. Letztgenannten Punkt muss er dann jedoch bis zum Ende durchspielen. Denn es soll keine Flucht, keine Verdrängung vor dem Problem geben. Probleme und schwierige Situationen gehören mental durchgespielt und gegebenenfalls kann auch laut dazu gesprochen werden, auch in Zeitlupentempo, damit wir nicht so leicht aus der Problemsituation fliehen können. Die Verbalisation der Handlung hilft uns fokussiert und sachlich zu bleiben.

10.

Die Spannungs-Ebene

Koma oder Panik?

Relaxation und Regeneration

Ist der Erwartungsdruck zu hoch, entsteht Angst. Also muss der Druck mit Entspannungsverfahren gesenkt werden. Andererseits könnte er auch zu niedrig sein, dann sollten Mobilisationstechniken eingesetzt werden. Schätzen Sie Ihren aktuellen Zustand auf einer individuellen Befindlichkeits-Skala von 1 bis 10 ein und finden Sie heraus, bei welchem Spannungsniveau Sie Ihren aktuellen optimalen Leistungszustand einstufen würden. Dieser optimale Bereich ist von der auszuübenden Tätigkeit abhängig.

Viele Menschen in unserer Gesellschaft haben verlernt, innere Körpersignale wahrzunehmen. Sie verdrängen unbewusst jegliche Alarmsignale oder nehmen sie teilweise gar nicht mehr wahr. Unsere Sinnesorgane sind auf unsere Umwelt, nach außen, konzentriert. Sie werden von dieser mit Reizen überflutet. Dies führt zu einem Gewöhnungseffekt - nur noch wenige Reize werden bis zum Bewusstsein weitergeleitet. Neben der Reizüberschwemmung von außen tritt der Gewöhnungseffekt auch bei körperinternen Reizen auf, wodurch die Bewusstseins- und die Toleranzschwelle für Alarmzeichen weiter erhöht werden. So kann eine Reizüberforderung, ausgelöst durch körperliche oder geistige Überbeanspruchung, die aufgrund von Wahrnehmungsdefiziten übertaucht wurde, psychosomatische Auswirkungen zur Folge haben. Das harmonische Zusammenspiel und das Wechselspiel der vier Ebenen - Verhalten (Muskulatur), Spannung (vegetatives Nervensystem), Gedanken (Bewusstsein) und Gefühle (kinästhetische und emotionale Ebene) - ist gestört. Die Herstellung des psychophysischen Gleichgewichts erfordert eine qualitative Verbesserung der Wahrnehmungsfähigkeit von externen und internen Reizen zur Erkennung von Alarmsignalen, wie auch eine bewusste Auseinandersetzung mit der Bearbeitung dieser Störfaktoren.

Der optimale Leistungszustand setzt im Wesentlichen ein ausgewogenes Verhältnis von Belastung und Erholung voraus. Die richtige Abstimmung der Erholungs- bzw. Entspannungsphasen bestimmt maßgeblich die Qualität der körperlichen und geistigen Wiederherstellungsprozesse und somit Ihre persönliche Weiterentwicklung. Die

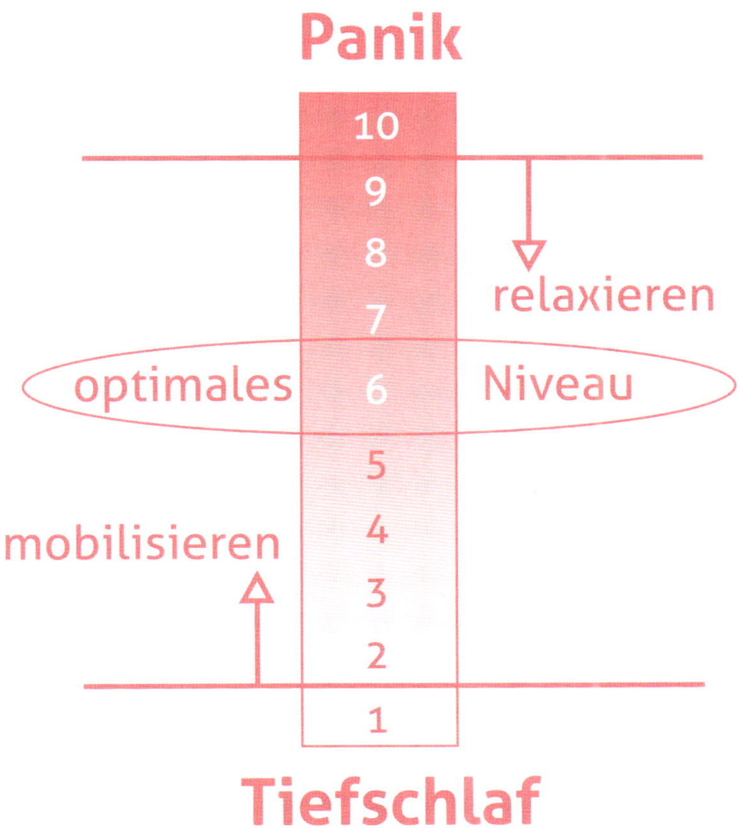

Wirkung der Erholung kann aufgrund von bewährten Relaxations- bzw. Entspannungstechniken wesentlich verbessert werden (siehe Entspannungs- und Imaginationsverfahren). Obwohl die verschiedenen Methoden über unterschiedliche Ansätze und Zugänge auf die Ebenen der Befindlichkeit auf den Menschen einwirken, zeigen sich doch sehr ähnliche Entspannungsreaktionen. Herzfrequenz, Atemfrequenz und Blutdruck sinken, die elektrisch gemessene Hirnaktivität verändert sich, es kommt zu einer Beruhigung des gesamten vegetativen Systems. Weiters sinkt der Muskeltonus, An- und Verspannungen werden leichter wahrgenommen und lösen sich. Entspannung beeinflusst den Wiederherstellungsprozess unserer Skelettmuskulatur positiv. Neben den physiologischen Vorteilen von Entspannungstechniken gibt es auch zahlreiche positive kognitive Reaktionen zur Förderung von Aufnahme- und Verarbeitungsprozessen.

Maßnahmen der Spannungsregulation

Es ist auffallend, dass innere Unruhe, Stress und Angst oft in Verbindung mit An- bzw. Verspannung der Muskulatur einhergehen.

Die Angst sitzt einem sprichwörtlich im Nacken – die Muskulatur ist dementsprechend angespannt. Man kann die Muskulatur über die Psyche beeinflussen, aber auch umgekehrt – eine Lockerung bzw. Entspannung der Muskulatur hat auch Auswirkungen auf die Psyche. Es besteht also eine Wechselbeziehung zwischen psychischer und muskulärer Anspannung. Diese Wechselwirkungsprozesse machen sich die verschiedenen Muskelrelaxationsverfahren zunutze, die auf die „Progressiven Muskelrelaxation" in Anlehnung an Jacobson aufbauen. (Bernstein und Porkovec, 1975)

Die Progressive Muskelrelaxation (PMR)

Entspannen durch Anspannung!

PMR geht von folgendem Grundprinzip aus: Muskeln bzw. Muskelgruppen werden ungefähr 5 - 7 Sekunden angespannt und dann etwa für 30 Sekunden locker gelassen. Durch die vorherige Anspannung ist die nachfolgende Entspannung vertieft. In der Anspannungs- wie auch in der Entspannungsphase fühlen Sie in die Muskulatur hinein und spüren den Unterschied zwischen Anspannung und Entspannung. Hat sich etwas geändert? Wie fühlt sich der angespannte/entspannte Muskel an? Spüren Sie Auswirkungen auf andere Muskelpartien?

Übungen

Die Übungen sollten Sie pro Muskelgruppe mindestens zweimal wiederholen.

- Während der Anspannung ist es wichtig, ruhig weiterzuatmen.
- Halten Sie die Luft nicht an!
- Außer der bewusst angespannten Muskelgruppe sollten Sie alle anderen völlig loslassen.
- Finden Sie die für Sie optimale Anspannung heraus, indem Sie sich eine Skala von 0 - 100 vorstellen (wobei 100 die maximale Anspannung bedeutet) und Sie mit unterschiedlichen Intensi-

täten eine Faust ballen. In der Regel hat sich eine Anspannung rund um 80 bewährt.

- Lassen Sie die Spannung ganz langsam oder spontan los, um den Unterschied zwischen Anspannung und Entspannung noch besser wahrzunehmen.

- Nutzen Sie die klassische Konditionierung, indem Sie mit Dem Kürzel „Jetzt" die Anspannungsphase einleiten und mit dem Wort „Lösen" in die Entspannung übergehen:

- Diese Art der Entspannung können Sie in jeder Lebenslage anwenden, daher sollten Sie sie auch in verschiedenen Positionen (im Liegen, Sitzen oder Stehen) üben.

- Durch die „Zurücknahme" beenden Sie die Entspannung, indem Sie Ihre Finger und Zehen bewegen, die Unterarme beugen bzw. strecken und ein paar Mal tief durchatmen.

- Merken Sie sich die 4-A-Regel für die „Zurücknahme": Arme fest, Atem tief, Augen auf – Aufwachen!

Führen Sie die folgenden Übungen zur Entspannung die ersten paar Mal der Reihe nach durch. Erst wenn eine eindeutige Lockerung der jeweiligen Muskulatur merkbar ist, sollten Sie zur nächsten Muskelgruppe übergehen. Später können Sie die einzelnen Muskelgruppen des Grundverfahrens zusammenfassen und größere Bereiche gleichzeitig an- und entspannen (dominanter Arm, nichtdominanter Arm, Gesicht, Nacken/Hals, Rumpf, dominantes Bein, nichtdominantes Bein bzw. Arme, Gesicht, Rumpf, Beine) oder den ganzen Körper auf einmal anspannen. Beginnen Sie mit Ihrer dominanten Seite (Rechts- oder Linkshänder), da diese im Gehirn besser repräsentiert ist und Sie dadurch den Effekt der Entspannung besser und leichter spüren.

Möglichkeiten der Anspannung von Muskelgruppen:

- Dominante Hand und Unterarm: Ballen Sie Ihre Hand zu einer Faust und beugen Sie die Faust Richtung Unterarm oder spreizen Sie Ihre Finger und Daumen nach außen.

- Dominanter Oberarm: Beugen Sie den Unterarm zum Oberarm und drücken Sie mit dem Ellbogen gegen die Unterlage oder Sie pressen den Unterarm gegen Ihren Oberarm. Danach folgen nichtdominante Hand, Unterarm sowie Oberarm nach demselben Ablauf.

- Stirn: Ziehen Sie die Augenbrauen hoch – „Stirnrunzeln" oder Sie kneifen die Augen zusammen – „Zornesfalten".

- Augen und Nase: Kräuseln Sie die Nase und schließen Sie fest die Augen. Wangen, Zunge und Kiefer. Pressen Sie Ihre Zunge gegen den Gaumen und beißen Sie die Zähne zusammen. Sie können auch die Lippen aufeinanderpressen (Kussmund oder Lächeln).

- Nacken und Hals: Drücken Sie Ihren Kopf leicht nach hinten und heben Sie gleichzeitig Ihre Schultern so hoch als möglich.

- Brust, Schultern, obere Rückenpartie: Ziehen Sie die Schultern so weit als möglich nach hinten, bis sich die Schulterblätter fast berühren. Speziell für die Brustmuskulatur winkeln Sie Ihre Arme ab und drücken die Handflächen in Brusthöhe gegeneinander.

- Bauchmuskulatur: Machen Sie Ihren Bauch so hart wie ein Brett.

- Dominanter Oberschenkel und Gesäß: Es werden gleichzeitig Vorder- und Hinterseite des Muskels des Oberschenkels und der Gesäßmuskel angespannt. Pressen Sie Ihre Pobacken zusammen und spannen Sie Ihren Oberschenkel an.

- Dominanter Unterschenkel und Fuß: Ziehen Sie Ihre Füße und Zehen nach oben Richtung Schienbein. Danach folgen nichtdominanter Oberschenkel, Gesäßmuskel sowie Unterschenkel und Fuß nach demselben Ablauf.

Anspannung des gesamten Körpers

Ballen Sie die Hände zu Fäusten und drücken Sie bei hochgezogenen Schultern die Unterarme gegen die Oberarme. Machen Sie gleichzeitig einen Rundrücken und pressen Sie das Kinn gegen die Brust. Spannen Sie die Gesichtsmuskeln an („Sie beißen in eine Zitrone"). Machen Sie Ihren Bauch hart wie ein Brett und spannen Sie auch Ihre Beine und Füße an, indem Sie entweder abwinkeln oder ganz durchstrecken.

Anleitungen zur Entspannung

Nehmen Sie eine bequeme Haltung ein ... genießen Sie die Ruhe ... nehmen Sie drei tiefe Atemzüge der Entspannung ... tief ein- und ausatmen ... lenken Sie die Aufmerksamkeit auf Ihre Arme ... Wie fühlen sie sich an? ... Sind sie warm oder kalt? ... Fühlen sie sich locker oder verspannt an? ... Können Sie An- und Verspannung fühlen? ... Spannen Sie JETZT Ihre Arme an ... halten Sie die Anspannung und fühlen Sie sie ... halten, halten, halten ... ruhig weiteratmen ... und LÖSEN... und entspannen ... einfach loslassen ... alle Spannung rauslassen ... lenken Sie Ihre Aufmerksamkeit auf die Muskeln, wie sie sich gerade entspannen ... Spüren Sie den Unterschied zwischen der Anspannung und der Entspannung ... genießen Sie das angenehme Gefühl der Entspannung, wie die Muskeln tiefer und tiefer entspannt werden ... immer mehr ... Sie können sich auf die angenehmen Gefühle konzentrieren ... auf die Entspannung in diesem Bereich ... fühlen Sie nun wie es ist, wenn die Muskeln sich mehr und mehr entspannen ... es ist ein angenehmes Gefühl, wie die Muskeln locker und weich werden, wie die Spannung nachlässt, die Muskeln tiefer und tiefer entspannt sind ... erleben Sie, wie die tiefe, völlige Entspannung in Ihre Muskeln fließt ... einfach nur spüren ... achten Sie darauf, wie sich die lockeren Muskeln im Vergleich zu vorher anfühlen ... spüren Sie, wie die Entspannung zunimmt ... lassen Sie alles abfließen, ruhig und entspannt ... zulassen ...

Rücknahme: Lenken Sie nun Ihre Wahrnehmung langsam wieder von der Innenwelt zur Außenwelt ... Sie nehmen die Geräusche um sich herum wieder viel deutlicher wahr ... Sie bewegen langsam Ihre Finger und Hände ... beugen Ihre Unterarme ... strecken und recken sich, als ob Sie gerade erwachen ... jetzt öffnen Sie auch Ihre Augen und kehren wieder ganz bewusst in das Hier und Jetzt zurück.

Ist die Grundstufe ausreichend geübt, können Sie zur nächsten Stufe übergehen – Sie spannen die Muskelgruppen nur noch im Geiste an. Bereits die Vorstellung, die entsprechende Muskulatur anzuspannen und wieder zu entspannen, reicht nun aus, um einen angenehmen Grad der Entspannung zu bewirken. Weiterhin können Sie die Entspannung dann auch in der Vorstellung wandern lassen, sie also zum Beispiel von den Armen auch in die Beine fließen lassen. Ziel der Muskelentspannung ist es, den Spannungszustand Ihrer Muskeln besser wahrnehmen zu lernen, verspannte Muskelgruppen zu lockern und die Entspannung einzelner Muskelgruppen auf den ganzen Körper übergehen zu lassen. Durch die vorangegangenen Effekte wird sich das Wechselspiel bei sportlicher Betätigung, die Muskulatur im richtigen Moment anzuspannen oder loszulassen, entscheidend verbessern. Ein weiterer positiver Effekt ist die Verbesserung der Konzentrationsfähigkeit. Natürlich können Muskelrelaxationsverfahren mit anderen Entspannungsverfahren wie Atem- und Visualisierungsübungen kombiniert werden.

Der Einsatz von Plastilin

Im entspannten Zustand sollten Sie mit geschlossenen Augen Ihre Erholungsposition (liegend, sitzend) einnehmen und anschließend versuchen, diese Ihre Lage zu visualisieren und differenziert wahrzunehmen. Sie sollten sich bewusst machen, wie die Stellung der Extremitäten (Arme, Beine, Finger) ist und wie sich bestimmte Körperteile anfühlen. Liegen die Beine weit auseinander? Zeigen die Füßen nach außen? Sind die Hände aus- oder eingedreht? Wie sind die Finger positioniert? Wie fühlt sich die rechte Körperhälfte im Vergleich zur linken an? Vertiefen Sie nun diese Wahrnehmungen und speichern Sie sie geistig ab. Anschließend nehmen Sie immer noch liegend oder sitzend das Plastilin in die Finger und beginnen, mit geschlossenen Augen Ihre Entspannungsposition möglichst exakt nachzukneten. Dabei ist für Sie der ständige Wechselbeziehungsprozess zwischen der abgespeicherten Wahrnehmung und dem zu knetenden Modell wichtig. Durch die intensive Auseinandersetzung mit der idealen Entspannungsposition beim Modellieren wird ein lockerer, freier, eben entspannter Zustand schneller erreicht. Diesen können Sie später auch ohne Kneten überall und jederzeit schneller abrufen. Ein Konditionierungsprozess entsteht.

Das Ruhebild

Schweifen Sie bewusst ab!

Um Ihr Spannungsbarometer wieder einzuregeln, können Sie das „Ruhebild" einsetzen.

Darunter versteht man das intensive und wirklichkeitsgetreue Vorstellen einer erholsamen Situation. Um diese innerlich nachvollziehen zu können, beziehen Sie möglichst viele Sinnesorgane in Ihre

Vorstellung ein. Legen Sie dabei besondere Bedeutung sowohl auf die gefühlsmäßige, emotionale Wiedererinnerung der erholsamen Situation als auch auf die Wahrnehmung der kinästhetischen Empfindung (Körpergefühl in einer bestimmten Position, beispielsweise beim Liegen, während Bewegungen). Es handelt sich beim Ruhebild um einen Wiedererinnerungsprozess, der sowohl über die Emotion als auch über die muskuläre, gefühlhafte Wahrnehmung definiert wird. Die dafür verantwortlichen Rezeptoren in den Muskeln, Sehnen und Bändern werden über die Vorstellung aktiviert (ideomotorische Reaktion). Sie sollten das Ruhebild in dieser Erinnerung wirklichkeitsgetreu erleben können. Beherrschen Sie diese Fertigkeit, können Sie bei jeder Wahrnehmung von Unruhe das Ruhebild „einschalten". Das heißt, Sie rufen Ihr Ruhebild ab, indem Sie zwei Dinge tun:

– **Anker setzen:** Einen bestimmten Vorgang durchführen und dabei einen tiefen Atemzug nehmen – zum Beispiel einen Kugelschreiber mit einer Hand umschließen.

– **Codewort sprechen:** Ein bestimmtes positives Wort sagen und sich dabei mental in Ihren Ort der Erholung bzw. Geborgenheit versetzen – zum Beispiel „Freiheit". Ein gut eintrainiertes Ruhebild ermöglicht Ihnen, innerhalb weniger Sekunden Ihren optimalen Spannungsbereich einzuregeln. Eine wesentliche Rolle für die Qualität des Ruhebildes stellt die Einbeziehung sämtlicher Sinnesorgane (Analysatoren) dar. Diese sind zusammen mit ihren kleinen Rezeptoren für die Informationsaufnahme verantwortlich. Das Ruhebild unter Einbeziehung sämtlicher Sinnesorgane kann somit in der Vorstellung auch sehr kurzfristig einen hohen Erholungswert bringen. Versuchen Sie sich die Umgebung möglichst detailliert vorzustellen.

Hier ein Beispiel, wie Sie Ihre Sinnesorgane für Ihr Ruhebild einsetzen können:

Als Ruhebild wird eine erholsame Situation gewählt, in der Sie am Strand liegen.

Optischer Analysator (Sehen)
Sie erinnern sich beispielsweise an die Farbe des Meeres, des Himmels, des Sandes, die Position der Sonne.

Akustischer Analysator (Hören)
Sie hören die Wellen rauschen, die Geräusche der Möwen.

Taktiler Analysator (Tasten)
Sie spüren Ihren Körper im warmen feinkörnigen Sand.

Kinästhetischer Analysator (Bewegungsempfinden, Körperfühlen)
Sie nehmen das Gefühl der Entspannung in dieser Situation wahr. Ihre Muskeln sind locker, gelöst, die Extremitäten in angenehmer Position.

Olfaktorischer Analysator (Riechen)
Sie riechen die Meeresluft.

Gustatorischer Analysator (Schmecken)
Sie haben einen angenehmen Geschmack von Ihrem Getränk.

Sie fühlen sich frei, zufrieden, glücklich und empfinden große innere Freude.

Tipps

- Zur besseren Verinnerlichung sollte das Ruhebild gezeichnet werden. Es steht dabei nicht die einwandfreie Ausarbeitung des Bildes im Vordergrund, sondern die mentale Auseinandersetzung und das Hineinversetzen in die Erinnerung. Sie können sich auch ein für Sie entspannendes Bild oder Foto auf Ihren Schreibtisch stellen und sich gedanklich in die Situation der Darstellung hineinversetzen.

- Wählen Sie eine Situation im Ruhebild, die Sie alleine genießen. Konflikte mit vertrauten Personen würden die Qualität des Ruhebildes beeinträchtigen.

- Trainieren Sie Ihr gewähltes Ruhebild täglich zweimal zwischen drei und fünf Minuten. Wenn es automatisiert und stabilisiert ist, können Sie es jederzeit abrufen – auch in öffentlichen Situationen. Haben Sie das Ruhebild einmal automatisiert, reichen 10 bis 20 Sekunden Verweildauer in dieser angenehmen Situation aus, um einen beruhigenden Effekt zu erzielen.

- Schulen Sie Ihr Ruhebild auch unter schwierigen Bedingungen, denn letztlich sollten Sie es mit offenen Augen und in Sekundenbruchteilen abrufen können, um Ihr Spannungsbarometer in Windeseile in den optimalen Bereich zu bringen.

Die Bedeutung der Atmung und der Atemschulung

Ein Lebenselexier

Die Atmung wird einerseits über das vegetative Nervensystem gesteuert, das heißt sie läuft unwillkürlich und unbewusst ab, andererseits können Sie die Atmung doch auch willentlich kontrollieren,

das heißt Sie können auch bewusst zum Beispiel tiefer oder flacher, schneller oder langsamer atmen. Die Atmung nimmt also eine Zwischenstellung unter den körperlich-vegetativen Vorgängen ein.

Angst, Stress, Aufregung, aber auch Entspannung verändern stets unbewusst die Atmung.

Es ist unmöglich, gleichzeitig aufgeregt zu sein und dennoch ruhig und gleichmäßig zu atmen. Sie können aber auch über die Art zu atmen Ihren Körper und auch Ihre Körperfunktionen steuern. Atmen Sie schneller, wird der Körper angespannter, der Herzrhythmus erhöht, die Geistestätigkeit angeregt. Verlangsamen und vertiefen Sie Ihre Atmung aber, beruhigt sich der Geist, der Körper wird entspannt, der Herzschlag verlangsamt. Unter Stress oder bei Schreck halten Sie unbewusst den Atem an bzw. atmen unökonomisch, flach und stockend. Ihre Atemmuskeln, die Bronchiolen (kleinste Verästelungen der Bronchien), Ihr ganzer Brustkorb verspannt sich, der Energiestrom kommt ins Stocken; genauso kann auch Ihr

Gehirn nicht mehr klar und frei arbeiten, Ihre Gedanken sind angespannt und fixiert (siehe auch „Grübelkreislauf" auf Seite 41). Bei der Brustatmung wird das Volumen des Brustkorbs mit Hilfe der Zwischenrippenmuskeln beim Einatmen vergrößert, bei der Ausatmung verkleinert. Die Brust hebt und senkt sich. Dadurch wird auch die Lunge dementsprechend ausgedehnt (Einatmung) bzw. verkleinert (Ausatmung). Infolge von Stress- oder Angstzuständen zieht man häufig die Schultern hoch, der Atem stockt und man versucht zwar tief einzuatmen, aber unbewusst wird durch das Hochziehen der Schultern nur der obere Lungenbereich genutzt. Die Atmung ist flach, dadurch verstärkt sich das Gefühl der Atemnot, man atmet schneller, die Atemhilfsmuskulatur verspannt, die Stresssymptome verstärken sich, die Herzfrequenz steigt - ein Teufelskreis beginnt. Im Gegensatz dazu wird bei der Bauchatmung das Zwerchfell, unser wichtigster Atemmuskel, verstärkt eingesetzt (legen Sie Ihre Hände unterhalb Ihres Rippenbogens und spüren Sie die Bewegungen Ihres Zwerchfells). Bei der Bauchatmung wird durch die Anspannung des Zwerchfells, das den Brust- vom Bauchraum trennt, der Brustraum auf Kosten des Bauchraums vergrößert, die Lunge kann sich daher auch nach unten ausbreiten und die besser durchbluteten unteren Bereiche des Organs können beatmet werden. Durch das Verkleinern des Bauchraums wölbt sich der Bauch beim Einatmen nach außen. Wird das angespannte Zwerchfell wieder entspannt, strömt die verbrauchte Atemluft ohne Anstrengung, automatisch, wieder aus. Der Bauch senkt sich.

Die Kombination von Brust- und Bauchatmung ist die effektivste Form zu atmen, die jedoch nur bei hohem Atemluftverbrauch notwendig wird. Über die Ausweitung des Brustraums Richtung Zwerchfell erweitern auch die Atemhilfsmuskeln über die Rippen, den Rücken und sogar hoch bis zu den Schultern den Atemraum, sodass wirklich das gesamte Lungenvolumen ausgenützt werden kann.

Versuchen Sie es gleich:

- Nehmen Sie einen wirklich tiefen Atemzug.

- Beginnen Sie also beim Zwerchfell.

- Füllen Sie Ihre Lungen von unten nach oben mit Luft.

- Erweitern Sie Ihren Brustraum über den Bauch, die Rippen, den Rücken bis hoch zu den Schultern, ohne jedoch zu verkrampfen.

- Lassen Sie dann die Atemluft wieder ausströmen und entspannen Sie sich.

Einige grundsätzliche Tipps zur Atemschulung

- Atmen Sie über die Nase ein und aus! Der Widerstand der Nase verlangsamt die Atmung, wodurch das Blut mehr Sauerstoff aufnehmen und zu den Zellen transportieren kann.

- Wenn Sie einatmen, sollte sich Ihr Bauch heben, beim Ausatmen senken (Bauchatmung)!

- Legen Sie besonderes Augenmerk auf Ihre Ausatmung. Sie sollte etwas verlängert sein!

- Vollständiges Ausatmen ermöglicht erst tiefes Einatmen!

- Tiefes, langsames Ausatmen entspannt und lockert - achten Sie also auf eine ausreichende und vollständige Ausatmung!

- Atmen Sie rhythmisch: einatmen - ausatmen mit kurzer Pause.

Das Ziel von Atemübungen ist daher einerseits, dass Sie sich Ihrer Atmung und der damit verbundenen Anspannungs- und Entspannungsvorgänge bewusst werden. Und andererseits, dass Sie Ihre Atmung soweit beeinflussen und regulieren können, dass sie zu Ihrer körperlichen und geistigen Entspannung beiträgt. Weiters soll Ihnen auch der Unterschied zwischen Brust- und Bauchatmung bewusst werden und bei regelmäßigem Üben auch die Verlagerung von Brust- zur Bauchatmung gelingen.

Atemübungen zum Ausprobieren

- **Atmung beobachten und spüren:**
  Verfolgen Sie einfach Ihren Atem, verändern Sie nichts, atmen Sie nicht bewusst. Spüren Sie die Atembewegung in Ihrem Körper. Welche Körperteile heben bzw. senken sich stark, welche wenig? Kontrollieren Sie Ihr Gefühl mit Ihren Händen: Fühlen Sie die Atembewegungen von Ihren Schultern bis zu Ihrem Bauch. Vergessen Sie auch Ihre Seite und den Rücken nicht! Fühlen Sie, wie und wohin Ihr Atem fließt, verfolgen Sie den Atemstrom vom Einatmen (Mund/Nase) über Ihre Lungen bis zum Ausatmen. Diese Übung können Sie jederzeit durchführen. Werden Sie sich Ihrer Atmung in verschiedenen Situationen einfach einmal bewusst – erst dann können Sie auch etwas ändern!

- **Brustatmung:**
  Atmen Sie nun bewusst ein, sodass sich Ihre Brust hebt und weitet. Fühlen Sie die Atmung in Ihrer Brust, spüren Sie die Spannung. Atmen Sie dann wieder aus. Lösen Sie die Spannung in Ihrer Brust. Sie senkt sich wieder und Entspannung kann sich breit machen. Wiederholen Sie dieses bewusste Ein- und Ausatmen einige Male und achten Sie auf Ihr Gefühl von An- und Entspannung im Brustraum.

- **Bauchatmung:**
  Denken Sie sich beim Einatmen Ihren Bauch als Blasebalg, der sich mit Luft füllt (die Bauchdecke hebt sich). Beim Ausatmen stellen Sie sich vor, wie die Luft aus dem Blasebalg herausströmt und senken Sie die Bauchdecke wieder.

- **Doppelte Ausatmungslänge:**
  Atmen Sie doppelt so lang aus als ein. Zählen Sie beim Einatmen innerlich 1-2 und beim Ausatmen 1-2-3-4. Sie können diese Übung auch beim Gehen in Verbindung mit Ihren Schritten machen.

- **Die Atemschleife:**
  Stellen Sie sich vor, wie beim Einatmen die Luft vom Steißbein Weg, an der Wirbelsäule entlang bis zum Scheitel des Kopfes verläuft. Visualisieren Sie beim Ausatmen die Vorstellung, wie die Atemluft über die Stirn, das Gesicht, die Brust, den Nabel, dasSchambein läuft.
  Schließen Sie die Schleife und beginnen Sie die Einatmung wieder beim Steißbein. Dadurch entsteht die sogenannte Atemschleife.

- Lassen Sie die Atemluft über das rechte Nasenloch hinein- und über das linke Nasenloch wieder hinausströmen und beobachten Sie dabei, wie die Luft durch die Nasenkanäle fließt. Ein Zyklus umfasst die Ein- und Ausatmung. Zählen Sie die Zyklen bis zehn und wieder zurück bis eins.

- Atmen Sie ein und stellen Sie sich anschließend vor, dass Sie über die Ausatmung bestimmte Muskelgruppen lösen und entspannen. Sie lenken Ihre Aufmerksamkeit während der verlängerten Ausatmung auf zum Beispiel die Nackenmuskulatur und spüren dabei, wie die Spannung in der Muskulatur synchron zur Ausatmung abnimmt.

- **Kombiniertes Verfahren:**
  Atmen Sie ein und spannen Sie dabei alle Muskeln an. Bei der Ausatmung lösen Sie im Atemfluss auch die Muskelspannung. Sie können dieses Verfahren auch differenziert anwenden.
  So könnten Sie beispielsweise beim Einatmen nur die Spannung im Oberkörper oder in den Armen erhöhen, beim Ausatmen lassen Sie die Spannung wieder gemeinsam mit der ausgeatmeten Luft abklingen.

Optimale Pausengestaltung zur Leistungsoptimierung

Have a break!

Um die geistige Energie über einen möglichst langen Zeitraum aufrecht erhalten zu können, ist es wichtig, zwischen den Terminen Beruhigungsphasen einzubauen, bei denen Energie aufgetankt wird und der Aufmerksamkeitsfokus optimal auf die neue Handlung gelenkt wird.

Sie benötigen eine klare Struktur in Ihrem Pausenverhalten, da ansonsten der Zeitraum zwischen den Terminen keinem stabilen Vorbereitungsrhythmus unterliegt und mitunter sehr viel Energie kosten kann.

Darum eignet sich folgendes Pausenverhalten für die notwendigen Regenerationsphasen zwischen den einzelnen Terminen, um für jede Herausforderung den optimalen Leistungszustand abrufen zu können.

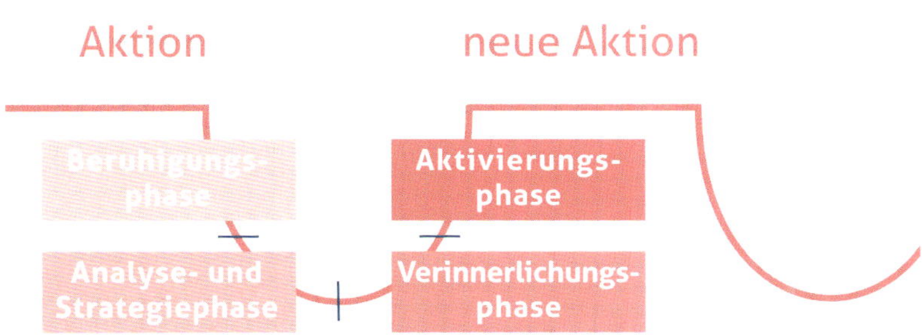

Beruhigungsphase

Nach der Besprechung gilt die Regel: sich beruhigen, Abstand gewinnen von Emotionen. In dieser Phase sollten Sie kurzfristig die Aufmerksamkeit von der Arbeit weglenken. Von den Emotionen des vorangegangenen Termins soll schnell auf Beruhigung bzw. Entspannung umgeschaltet werden, zum Beispiel durch die bewusste Wahrnehmung des Körpers (bestimmte Muskelgruppen) oder Entspannungsbilder. Vor allem sollen Muskelgruppen und Verhaltensweisen, die im Stress zu Verkrampfungen bzw. typischen Verhaltensmustern führen - beispielsweise steifer Nacken und hochgezogene Schultern -, über eine verlängerte Ausatmung gelockert bzw. gesenkt werden. Auch das Ruhebild, die Vorstellung an eine entspannende Situation, kann in dieser Phase sehr nützlich sein.

Analyse- und Strategiephase

Nach der Beruhigungsphase folgt eine kurze Analyse der vorangegangenen Situation. Was könnten Sie das nächste Mal optimieren? Dann überlegen Sie strategisch, wie Sie die kommende Herausforderung in Angriff nehmen wollen und beziehen mögliche Störfaktoren, wie Kritik, Unterbrechungen etc., in Ihre Überlegungen mit ein.

Verinnerlichungsphase

Beruhigungs-, Analyse- und Strategiephase sollen in die Verinnerlichungsphase übergehen. Nun spielen Sie gedanklich unter Einbeziehung sämtlicher Sinnesorgane die kommende Handlung durch und versuchen dabei auch, die notwendigen positiven Gefühle abzurufen. Die Verinnerlichungsphase geht nun über in die tatsächliche Handlung. Die persönliche autosuggestive Formel soll nun vorgesprochen werden, wie zum Beispiel „In jeder Situation sicher und gelassen die Herausforderung annehmen". Sie freuen sich auf die kommende Handlung.

Aktivierung und Übergang zur Handlung

In dieser Phase sollten Sie sich auf die kommende Herausforderung einstimmen und sich physisch wie psychisch aktivieren, um das optimale Spannungsniveau einzuregulieren.

11.

Die Verhaltens-Ebene

Sie haben es
selbst in der Hand!

Aktivität verändert die Befindlichkeit

Die Ebenen Gedanken, Gefühle, Spannung stehen in einem intensiven Wechselwirkungsprozess zu unserem Verhalten.

So können eingefahrene Denkmuster zu Bewertungsfehlern in bestimmten Situationen führen, die Wahrnehmung verzerren und Stressreaktionen auslösen.

Unangemessene Körperreaktionen und Verhaltensmuster können die Folge sein. Gefühle werden über die Verhaltens-Ebene direkt ausgedrückt. So treiben beispielsweise Freude und Ärger die Menschen an. Trauer und Enttäuschung verlangsamen hingegen unsere Verhaltensweisen. Unsere Befindlichkeit spiegelt sich in unserer Körpersprache wieder. So führt Angst in der Regel zu Rückzugsverhalten und Isolation. Die Schultern werden nach oben gezogen und das „Einigeln" beginnt. Bereits das Erkennen von unangemessenen Verhaltensweisen kann einen Veränderungsprozess einleiten. Wichtig ist nur, dass Sie ein situationsspezifisches Programm für kritische Aufgaben (Notsituationen) erarbeitet haben. Sie sollen lernen, in angstbesetzten Situationen Ihr Tempo zu verlangsamen und Ihre Körperhaltung bzw. Verhaltensweisen zu kontrollieren und Aktivitäten durchführen, die Sie in eine bessere Stimmung versetzen. Genauso wie sich Gedanken und Gefühle auf unser Verhalten auswirken, können wir mit Verhaltensweisen unsere Gedanken und Gefühle beeinflussen. Negative Grübelkreise und Unzufriedenheit können durch alternative Verhaltensweisen zum Positiven verändert werden. Kennen Sie Situationen, in denen Sie eigentlich schlecht gelaunt waren, bis Sie sich schließlich aufgerafft haben, an die frische Luft gegangen sind und aktiv waren? Sie haben es selbst geschafft, durch diese Verhaltensweise Ihre aktuelle Befindlichkeit zu verbessern.

Embodiment

So wie das Großhirn die Gefühle steuert, so haben auch Körpersprache und -verhalten unmittelbaren Einfluss auf unsere Gefühle und Befindlichkeiten.

Es gibt Untersuchungen, vor allem mit Schauspielern, die aussagen, dass sich gute Darsteller in die Rolle eines depressiven, energielosen Menschen so gut und intensiv hineinversetzen können, dass sie selbst tatsächlich in den Zustand einer kurzfristigen Depression übergehen können. Zentrales Element ist dabei die Körperhaltung: zusammengefallen, und zusammengesackt, Kopf nach unten - und dies in Verbindung mit negativen Gedanken.

Verblüffend ist die Tatsache, dass aus dieser Gefühlslage heraus nur durch eine veränderte Körperhaltung - aufrecht, selbstsicher, optimistisch - bereits kurze Zeit danach auch die Befindlichkeit verändert werden kann und in eine allgemeine selbstbewusste Stimmung umschlägt.

Ein weiteres Beispiel zeigen Versuche zum Thema Durchhaltevermögen mit Probanten, die unlösbare Aufgaben gestellt bekommen. Mit der Hoffnungslosigkeit veränderte sich die Körperhaltung, d.h. der Geist wurde vom Körper unterstützt, und die Probanten gaben auf. Anders verhielt es sich mit jener Probanten-Gruppe, die in ihrer ausweglosen Situation den Tipp bekamen, aufrecht zu sitzen. Diese konnten im Schnitt bis zu 15 Minuten länger durchhalten - aufgrund der neuen Körperhaltung. (vgl. Embodyment; Storch et al., 2010)

Die Verhaltens-Ebene

Geist und Körper sind miteinander gekoppelt und verändern gemeinsam unsere Befindlichkeit. Gelingt es uns, in schwierigen Situationen negative und angstvolle Gedanken und eine darauffolgende entsprechende Körperhaltung zu entkoppeln und trotz negativer Gedanken eine optimistische und selbstsichere Körperhaltung einzunehmen, verändert sich kurz darauf auch unsere Befindlichkeit.

Tipp

Unsichere Menschen sollten daher so-tun-als-ob und sich selbstbewusst und sicher geben, mit der entsprechenden Körpersprache. So kann der Körper eine positive Kettenreaktion auslösen.

Embodyment besagt, dass auch der Körper einen Zugang zu den Emotionen hat. Über die Körpersprache besteht eine wichtige Möglichkeit, Emotionen zu verändern. Gedanken und Körper beeinflussen sich gegenseitig.

Im Leistungssport versucht der Athlet, über Vorstartsituationen die Körperhaltung zu beeinflussen. Versagensängste können durch die Körperhaltung abgefedert werden. Sich stärker geben als man sich fühlt ist ein Weg, die negativen Emotionen in den Griff zu bekommen. Vergessen wir nicht, dass es ein Körpergedächtnis gibt, und auch ein immunologisches Gedächtnis, das u. a. Viren und Antiviren klassifiziert. Unser Körper ist weit mehr als nur ein Gefäß oder eine Hülle.

Spiegelneuronen

Grundsätzlich schreiben wir der Genetik eine viel zu große Bedeutung zu. Die Genetik bietet uns nur das gesamte Potenzial an, doch was wir daraus machen, ist beeinflussbar durch Erziehung, Verhaltensweisen, Erfahrung verschiedene Impulse, beispielsweise Reisen, Abenteuer, Sport, Singen, Lesen, Lernen. Daraus entwickelt sich unser Gehirn.

Zum Thema Gehirnentwicklung gehört auch die Thematik „Lernen an Modellen" und die Bedeutung der Spiegelneuronen.
Experimente konnten belegen, daß nur durch die reine Beobachtung von handelnden Personen die gleichen Erregungsmuster im Gehirn aufgebaut wurden als bei den ausführenden Modellen.
Wir lernen durch Beobachtung und wir aktivieren dabei Vernetzungen im Gehirn. Es handelt sich dabei um Spiegelneuronen. (vgl. Hüther 2006, Bauer 2006)

Spiegelneuronen wirken dann, wenn es sich um ein vertrautes Lebewesen handelt. Handelnde Roboter lösen beim Beobachter keine entsprechenden Reaktionen im Gehirn aus. Das Lebewesen, das die Aktion setzt, muss vertraut und wichtig sein. Dann werden Spiegelneuronen aktiviert, und es kommt zur Übernahme des Verhaltens durch Beobachtung - beispielsweise, wenn Kinder ihre Eltern imitieren.

Die Vorbildfunktion, das Lernen an Modellen wird also immer wichtiger (und dies hat nichts mit Genetik zu tun).

Mentales Lernen erfolgt an Leitbildern.

Je näher dieses Modell den eigenen Voraussetzungen ist, je größer die Identifikation ist, umso leichter ist es, Techniken, Bewegungen,

Verhaltensweisen zu übernehmen. Klar muss sein, dass die körperlichen Voraussetzungen vorhanden sein müssen um das aktivierte neuronale Muster auch umsetzen zu können .

Es geht aber auch andersherum, und zwar negativ.

Wer immer mit negativen Erscheinungsbildern zu tun hat, wird deren negative Körpersprache übernehmen, sich ablehnend verhalten, und letztlich auch sein Gemüt und seine Einstellung negativ beeinflusst sehen. Extreme Spannungsfelder sind immer wieder zu finden, beispielsweise jüngere Menschen, die sich dem Gruppen-Druck oder -Zwang beugen müssen. So kann Heavy Metal Musik nach außen als angenehm dargestellt werden, obwohl der Körper darunter leidet und Widerstände entwickelt. Nur um dabei zu sein, um zur Gruppe zu gehören, geht man innere Konflikte ein. Wenn wir Dinge als gut erachten, die uns schaden, dann, weil ein primäres Bedürfnis gestillt werden soll. Dieses macht jene Gefühle taub, die uns vor Schaden warnen (zum Beispiel: Alle trinken Bier, weil es cool ist, aber körperlich tut es mir nicht gut).

Dopamin

Warum Belehrungen wenig erfolgreich sind, wenn es an „*spirit*" mangelt

Aufklärungskampagnen, Studien, Belehrungen usw. sind allein wenig erfolgreich und führen kaum zu einer Veränderungsmotivation an den Menschen. Es kommt nicht auf wissenschaftliche Erkenntnisse an, die Belege zur Gesundheitsförderung finden, sondern vielmehr auf die innere Haltung eines jeden einzelnen.

Menschen werden sich nämlich nur dann ändern, wenn sie innerlich inspiriert sind, wenn sie Glückgefühle aufgrund von Handlungen

oder Tätigkeiten erfahren und ihre Lebenseinstellung, ihren Lebensstil verändern.
Nicht die Ergebnisorientierung führt zum Erfolg, sondern der Prozess (vgl. Kapitel 5).

Entscheidend ist deshalb nicht, etwas zu wissen oder etwas zu tun, sondern eine innere Begeisterung zu entwickeln und deswegen einen Mehrwert im Leben zu erfahren.

„Wenn Du ein Schiff bauen willst, dann trommle nicht Männer zusammen um Holz zu beschaffen, Aufgaben zu vergeben und die Arbeit einzuteilen, sondern lehre die Männer die Sehnsucht nach dem weiten, endlosen Meer." Ein weiser Satz, aufgeschrieben von Antoine de Saint-Exupery. In diesem Zusammenhang kann es auch hilfreich sein, dass Sie sich -bevor Sie in ein Haus einziehen - bereits davor mental ausgemalt haben, wie es sein wird, um mit dem inneren „spirit" und dem inneren Gefühl eine positive Wirklichkeit zu antizipieren.

Der Zusammenhang von „spirit" und Selbstwirksamkeit

Wenn es darum geht, einen Mehrwert im Leben zu erfahren, dann reicht der passive Konsum von kommerziellen Angeboten, körperliche Fitness ohne Bewegung oder Verbesserungen der mentalen Fitness durch Zusatzgeräte selten aus. Vielleicht wird ein Placebo-Effekt erzeugt, dauerhafter Erfolg aber sicher nicht. Der entscheidende Faktor für Erfolg ist die Selbstwirksamkeit. Das heißt: Ich selbst kann durch mein Handeln eine Veränderung in meinem Leben herbeiführen - beispielsweise kann durch mentales Training die Beherrschung von stressbesetzten Situationen erzielt werden. Das

Gefühl des „Ich bin es!" führt zur Weiterentwicklung und fördert die Dopamin-Ausschüttung für die Umsetzung von weiteren Handlungen. Dopamin ist kein Doping, sondern ein körpereigenes Amin, das im Volksmund als „Glückshormon" bezeichnet wird. Die Aktivität des dopaminären Systems erreicht seinen Höhepunkt in der Pubertät und nimmt im Alter kontinuierlich ab.

Der Neurobiologe Gerald Hüther (2006) verweist auf die Möglichkeit, dieses dopaminäre System zu fördern und weiterzuentwickeln, indem neue Impulse - wie attraktive Reize, die unter die Haut gehen, aber auch die emotionale Auseinandersetzung mit Aufgaben und Problemen - gesetzt und Lösungskompetenzen entwickelt werden. Auch Reisen, neue Aufgaben oder Anforderungen im Arbeitsleben und das Lösen von kleineren Konflikten wirken sich günstig auf die Selbstwirksamkeit aus. Gesundheit kann daher auch als lebenslanger notwendiger Veränderungsprozess bezeichnet werden. Menschen sollten neugierig auf neue Situationen reagieren, selbstbestimmt Aufgaben übernehmen können und immer wieder eingefahrenen Routinen mit neuen Bewegungsformen entgegenwirken, um bis ins hohe Alter gesund und fit zu bleiben.
Gesundheit ist auch an Erfahrungen gekoppelt, die unter die Haut gehen. Dies gilt sowohl für negative wie auch positive Erfahrungen, sofern die negativen auch selbst bewältigt werden konnten oder können. Dieses Erfolgserlebnis führt dann wieder zu Selbstwirksamkeit und Handlungskompetenz und gibt Energie für neue Herausforderungen.
Bei älteren Menschen ist die Dopamin-Ausschüttung häufig geringer, d.h. Impulse, aktiv Handlungen zu setzen, nehmen ab. Darum ist es besonders wichtig, emotional besetzte Erinnerungen zu fördern und Glücksgefühle hervorzurufen. Werden sie beispielsweise mit Kindern zusammengebracht, (daher die Idee, Kindergärten und Seniorenheime zusammenzulegen) oder in positiv besetzte Gegenden aus ihrer Kindheit/Jugend/Studentenzeit untergebracht, fördert dies die Dopamin-Produktion. Sie werden nämlich an ihre Ju-

gend erinnert, an eine Zeit, von der sie schöne Erinnerungen hatten und verliebt waren. Sie werden innerlich wieder aktiv und motiviert und die Lebensenergie nimmt zu.

Auch Bewegungs- und Gesangsprogramme helfen weiter - Motivation und Agilität nehmen zu. So wurde beispielsweise festgestellt, dass Betätigungen wie Musizieren und Singen nicht nur die Körperhaltung, die Feinkoordination der Stimmbänder , die soziale Verbundenheit fördern, sondern ein gutes Mittel gegen die Angst sind.

Abhängigkeiten behindern die Selbstwirksamkeit

Abhängigkeiten blockieren die Selbstwirksamkeit und somit die Persönlichkeitsentwicklung.

Nimmt man eine Tablette gegen Stress erzeugende Kopfschmerzen und lassen die Schmerzen nach, wird der Erfolg auf das Medikament geschoben. Besser wäre es, Stressbewältigungsmaßnahmen einzusetzen, um den Erfolg nicht auf die Tablette zu schieben, sondern auf die kompetente Anwendung von Stressbewältigungsmaßnahmen.
Mentales Training hilft, die persönlichen Kompetenzen zu erweitern und selbstständig in schwierigen Situationen gezielte Maßnahmen der Leistungsoptimierung umzusetzen. „Gurus" sowie der passive Konsum von Technologien, die als „Allheilmittel" eingesetzt werden und Menschen vorgaukeln, damit sämtliche Probleme lösen zu können, schüren Abhängigkeiten, behindern die Persönlichkeitsentwicklung und somit ein selbstwirksames Handeln.

Schnell ein Antiserum. Zum Wohlbefinden.

Verhaltensprogramme haben den Zweck, über bestimmte Handlungen wie rhythmisches Bewegen, Lächeln, Aktivierungsübungen sowie Atemübungen, positive Vorsätze und Bilder die Befindlichkeit zu beeinflussen.

Sie wissen jetzt, dass sich durch Müdigkeit, Energielosigkeit und negative Denkweisen Ihre Einstellung und damit auch Ihre Verhaltensweisen gegenüber Ihrer Umgebung verändern. Verhalten Sie sich in solchen Situationen schlaff und passiv, dann glauben Sie keine Energie für jegliche Aktivität zu besitzen. Falls dann doch der Ansporn zur Aktion kommt, von innen oder außen, Sie sich an die frische Luft begeben oder zu einem Dauerlauf aufbrechen, verändert sich Ihr Befinden zum Besseren. Sie kennen das selbstverstärkende Gefühl, wenn es Ihnen gelungen ist, Ihre Befindlichkeit nach oben zu schrauben. Sie haben etwas Großartiges geschafft.

Ebenso sollten Sie positive Argumente für Ihre Handlung sammeln, um sich bewusst zu machen, was die fundamentalen Eigenschaften dieser Aktion ausmacht. Die Auseinandersetzung mit den positiven Elementen, wie Freude und Spaß an Ihrer Tätigkeit, entfacht Energie, die Sie antreibt, Ihrem Tun auch in Phasen schlechter Tagesverfassung nachzugehen und einen Stimmungsumschwung einleitet.

Zusammenfassend soll festgehalten werden, dass es eine ganze Reihe von Maßnahmen für die Psychohygiene gibt, die den Körper reinigen und aktivieren und somit den Bewegungsapparat und das Kreislaufsystem stimulieren.

Diese Übungen können aber auch einen wertvollen psychosozialen Beitrag leisten und helfen, den Mitmenschen frisch und frei von belastenden Gedanken gegenübertreten zu können. Es eignen sich alle Arten von fernöstlichen Techniken wie Qigong oder Tai Chi, aber auch Aktivitäten wie Radfahren oder Joggen. Besondere Bedeutung kommt natürlich einer täglichen Wiederholung zu. Die Verhaltensweisen sollten sich zu Ritualen entwickeln, damit eine harmonische Balance und innere Zufriedenheit entwickelt werden kann.

Routinen fördern die Sicherheit im Wettkampf

Routinen und Rituale bieten Sicherheiten in Angstsituationen und sind stabile Abläufe, die zum optimalen Leistungszustand führen. Dem Sportler wird mehr Sicherheit und Stabilität vor und während dem Wettkampf vermittelt. Selbstsicherheit und Selbstvertrauen wachsen.

Die Verhaltens-Ebene

Die Grundstruktur einer Vorstartroutine besteht aus vier Teilen, die individuell je nach Sportart oder nach Herausforderung zusammengesetzt werden können.

Gefühlhafte Einstimmung durch Imitation der Bewegung

- Zielvisualisierung
  Dabei geht es um die Vorstellung, wie ich die kommende Aufgabe lösen werde

- Körpersprache
  Das Motto lautet: Tu so, als ob du die Situation gut im Griff hast! Es geht darum, die kommende Aufgabe mit aufrechter, lockerer Körperhaltung anzugehen, eine optimistische Einstellung auszustrahlen und mit einem leichten Lächeln in meinem Gesichtsausdruck zu agieren. Wenn sich die Körperhaltung verändert, verändert sich auch die Befindlichkeit, und es kommt zu einer erwünschten Zustandsänderung.

- Codewort
  Dieses soll den erwünschten inneren Zustand ausdrücken, beispielsweise „locker und frei“ oder „sicher und kompetent“.

- Decision Line
  Dies ist der entschlossene Schritt, die Handlung selbstsicher und kompetent und ohne Zweifel anzugehen.

- Realisation der Handlung

Im Anschluss an die Handlung sollte eine Selbstreflexion stattfinden, in der über Verbesserungs- und Lösungsansätze für die Wiederholung dieser Aufgabe oder als Aufarbeitung von Niederlagen nachgedacht werden soll. Die Grundfrage lautet: „Was könnte ich das nächste Mal besser machen?“ (Und die Antwort „nichts“ kann es wohl kaum geben. Sollten sie aber wirklich zu 100 Prozent zufrieden sein, versetzen sie sich nochmals in dieses fabelhafte Gefühl und speichern sie dieses ab, indem Sie einen Marker setzen wie z.B. Erinnerung an dieses Gefühl, tiefer Atemzug oder Berührung einer Körperstelle usw. Der Marker und die Erinnerung hilft ihnen das nächste Mal, leichter in dieses Gefühl zu kommen.

Diese Routinen bewähren sich besonders in schwierigen Situationen und Herausforderungen und sind komplett unabhängig von den verschiedenen Tätigkeiten und Situationen. Es ist nämlich wichtig für das Leben, Rituale und Routinen zu entwickeln - nur dann können Topleistungen punktgenau abgerufen, umgesetzt und stabilisiert werden.

Die Pre-Shot-Routine – ein Beispiel aus dem Golfsport

Die Pre-Shot-Routine (Wörz 2003) ist kein monotones, aber doch ein gleichbleibendes, von der Umgebung losgelöstes Ritual. Es sollte ein Übergang von der äußeren Wahrnehmung auf einen inneren meditativen Fokus erfolgen. Spitzengolfer bezeichnen diesen Zustand als eine Phase, in der sie völlig allein in ihrer Welt, abgeschottet von äußeren Reizen, wie in einem Tunnel, nur mehr auf die eigentliche Aufgabe konzentriert sind. Es ist eine mentale Technik, die zu einem tranceähnlichen Zustand führt. Es ist der Moment, den alle Sportler herbeisehnen, weil er von emotionaler Stabilität und Selbstsicherheit geprägt ist, weil er jenen Moment vorwegnimmt, auf seiner Bühne auftreten zu dürfen: der Skispringer im Moment des Absprungs, der Fußballer am Elfmeterpunkt, der Slalomkünstler bei seinem bevorstehenden Tanz durch die Tore. Der Golfer vergisst die Dimension der Zeit, die täglichen Probleme sind ausgeschaltet. Dieser Zustand endet genau zu dem Zeitpunkt, an dem er den Schlag durchführt, ohne Wollen, ohne Tuns-Orientierung. Einen Spitzenspieler müsste man mit Gewalt aus diesem Zustand herausreißen. Je niedriger das Niveau der mentalen Fertigkeiten, desto einfacher lässt sich der Golfer aus seiner PreShot-Routine werfen. Bereits das Murmeln der Zuschauer, das Zwitschern der Vögel, eigene Gedanken reichen dann aus, um den Fokus zu verlieren und zu verkrampfen. Der Weg zur notwendigen mentalen Stabilität sollte parallel zum Erlernen der Golftechnik beschritten werden.

Je leichter der Golfer aus dem Konzept geworfen wird, umso schlechter ist sein mentaler Zustand. Ziel kann es daher nur sein, sich über Verhaltensweisen, Gedanken, Spannungs- und Gefühlsregulation, über eine Routine eben, in den optimalen Leistungszustand zu begeben.

Ein gefestigtes Verhaltensritual
soll einen meditativen Zustand ermöglichen,
in dem die Aufmerksamkeit auf sich
und die Handlung gelenkt wird.

Diese meditative Technik, die sich aus der Golfbewegung entwickelt, wird eingeleitet durch ein bestimmtes Zeichen, beispielsweise durch das Herausnehmen des Schlägers aus der Tasche oder das Hochwerfen von Gras zur Bestimmung der Windverhältnisse. Dieser Marker löst die Pre-Shot-Routine-Phase aus. Genau in diesem Augenblick sollte der Golfer in einen tranceähnlichen Zustand fallen. Alle Verhaltensweisen in dieser Phase dienen der Herstellung eines störungsfreien, harmonischen, meditativen Zustandes, in dem der Golfer ganz in der Handlung aufgeht und die Gedanken den Prozess der Handlung unterstützen, also im Hier und Jetzt sind. Er genießt seinen Zustand und lässt sich den Spaß am Golfspielen von nichts und niemandem nehmen. Er tut es ausschließlich für sich selbst und holt sich die Belohnung durch das Glücksgefühl, welches aus dieser Aktion entspringt. Dieser Zustand wird auch autotelisches Erleben genannt. Probleme können dann auftreten, wenn die Gedanken des Golfers von den möglichen Konsequenzen bis zurück zu negativen Erfahrungen reichen. Dann ist er abgelenkt, nicht nur durch seine Gedanken, sondern auch durch sein Verhalten und jenes der anderen: Er wird zum Beobachter seiner Umgebung.

Damit der Zustand der Pre-Shot-Routine mit dem Schlag verschmilzt, wird dieser Prozess durch den festgelegten Ablauf zu einer meditativen Technik. Dieser beinhaltet

- Marker setzen
- Probeschwung/Imitation der Bewegung
- Zielvisualisierung
- Autosuggestive Formeln
- Körpersprache
- Decisionline/Entscheidung
- Feintuning bis zum Schlag

Der Golfer akzeptiert dabei alle Störfaktoren - es handelt sich um einen Aktiv-Trancezustand. Golf nimmt für den Spieler in diesem Augenblick einen Stellenwert ein, der durchaus vergleichbar mit bewährten asiatischen meditativen Verfahren bzw. westlich orientierten Entspannungstechniken zur Harmonisierung von Geist und Körper ist. In allen Übungen kann der optimale Leistungszustand erwirkt und Energie zum Fließen gebracht werden; allerdings fehlt beim Golf der ideologische, philosophische und transzendentale Hintergrund.

Die konkrete Anwendung geht folgendermaßen vor sich:

- Leiten Sie Ihre Pre-Shot-Routine ein, indem Sie den Golfschläger kurz fest angreifen und ihn dann aus dem Bag herausnehmen.

- Sie sollten nun bei der Imitation des Schlages Ihr optimales Gefühl wahrnehmen.

- Nehmen Sie Kontakt mit dem Ziel auf und visualisieren Sie die Flugbahn.

- Stellen Sie sich eine gedachte Linie hinter dem Ball vor, die Sie erst dann überschreiten wenn Sie den optimalen Leistungszustand erreicht haben und entschlossen sind die Handlung durchzuführen.

- Autosuggestive Formeln unterstützen Sie, den optimalen Zustand herzustellen („Locker und frei genießen...“).

- Überschreiten Sie die Decisionline, achten Sie dabei auf Ihre Körpersprache und nehmen Sie die Ausgangsposition ein.

- Nun spielen Sie den Ball mit Freude aus dem Bauch heraus und verlassen Sie sich ganz auf Ihre Fähigkeiten.

- Entwickeln Sie nun Ihre eigene ganz persönliche Pre-Shot Routine.

Post –Shot-Routine

Nach dem Schlag tendieren Sie vielleicht dazu, viel Energie aufgrund Ihrer Emotionen zu verbrauchen. Besonders Ärger oder Enttäuschung lenken Sie ab. Sie verlieren dadurch Ihren Spielrhythmus. Finden Sie deshalb auch einen guten Pausenübergang zwischen den Schlägen. Schließen Sie den Schlag ab, indem Sie in der Abschlussposition (Finish) kurzfristig verbleiben und den Schlag nochmals nachfühlen. Geschulte Golfer können neben dem externen (optischer Analysator) auch Ihr internes Feedback abrufen: Wie hat sich der Schlag angefühlt (locker, rhythmisch etc.)? Anschließend imitieren Sie den Schwung unter Einbeziehung der Korrektur in der optimalen Variante (Sollzustand) nochmals. Somit kann der vorgestellte Schwung mit dem neuen Gefühl verarbeitet und abgespeichert werden.
Nun schließen Sie den Schlag ab, indem Sie beispielsweise den Schläger ins Bag stecken und innerlich das Codewort „AUS" sprechen. Die Gedanken sind ganz auf den neuen Schlag fokussiert.

Befindlichkeitsfördernde Bewegungsformen zur Erreichung des Flow-Zustands

Trance-Aktive-Bewegungsformen (TAB)

Bewegungen, die im Takt durchgeführt werden, bewirken im menschlichen Organismus ein subjektiv empfundenes Leichtigkeitsgefühl und werden häufig als Schwebezustand erlebt.

Diese Zustände kann man willkürlich hervorrufen, wenn im Takt der Bewegung bewusst gesprochen wird, sodass der Rhythmus verstärkt wird. Bereits nach kurzer Zeit führt die rhythmisierte Bewegung zu einem tranceähnlichen Erleben. So können Flow-Zustände ausgelöst werden.

Beispiel:
Eine autosuggestive Formel, beispielsweise „locker und frei, bin dabei“, kann rhythmisch und zum Takt der Bewegung verbalisiert werden. Dabei wird zum Beispiel der linke Bodenkontakt beim Laufen mit dem Wort „locker“ unterstützt. So gelingt es, dass Körper und Geist eine Einheit bilden. Weitere positive Suggestionen wie „leicht“, „frei“, „schweben“ verstärken zusätzlich dieses Gefühl.

Beim Training am Fahrrad-Ergometer hat sich eine, dem TAB verwandte, hypnotherapeutische Trance-Technik (Aktiv-Wach-Hypnose) ebenfalls sehr bewährt.

Die Musik, Ihr Begleiter

Geschieht es Ihnen nicht auch zeitweise, dass Sie am Morgen aufstehen, das Radio anschalten, oder von diesem gar geweckt werden, ein bekanntes und lieb gewonnenes Lied hören und sich von dieser Melodie den gesamten Tag über nicht mehr lösen können? Ein Ohrwurm, der unterstützt, was ohnehin zutrifft:

Jede Bewegung im Leben, somit auch jede sportliche Aktivität, ist von einem individuellen Rhythmus geprägt. So kann die Imitation der Aktion durch die Musik verstärkt werden; so hilft aktivierende Musik beim Aufstehen, so beschleunigen entspannende Klänge die Regeneration nach dem Spiel.

Untersuchungen zur Optimierung von emotionalen Prozessen durch Musik im Sport belegen, dass bei der Musikauswahl bestimmte Prinzipien zu berücksichtigen sind, um die erwünschten Effekte dauerhaft zu erzielen.

Aktivierende Musik besitzt ein lebhaftes Tempo, schnell bis sehr schnell.
Der Charakter dieser Musik kann heiter oder kämpferisch sein.

Für „heiter“ steht beschwingt, fröhlich, scherzhaft, ausgelassen, spritzig, übermütig, tänzerisch, temperamentvoll, jubilierend. Musik mit kämpferischem Charakter ist aufbegehrend, mitreißend, vorwärtsdrängend, stürmisch, kraftvoll. Entspannende Musikstücke sind ruhig, gelassen, gleichmäßig, harmonisch.

Entspannende oder aktivierende/mobilisierende Musikeffekte können durch bestimmte Musikinstrumente verstärkt werden.

Oboen, Englischhörner, Streichinstrumente (besonders Violoncelli) verstärken relaxierende Effekte. Der vorherrschende Einsatz von Tasteninstrumenten (Klavier, Orgel), von Schlaginstrumenten (Trommel, Pauken) und Blechblasinstrumenten (Trompeten, Hörner) verstärkt die Aktivierungseffekte.

Erfolgreiche Rock- und Popmusik, die es in den Charts auf die ersten Plätze schafft, aber doch nichts anderes als eine vorübergehende Erscheinung ist, besitzt bei mehrfacher Anwendung einen hohen Sättigungseffekt.

Musik aus dem klassischen Repertoire oder dem Volksliedgut weist selbst bei mehrfach wiederholtem Einsatz positive Effekte auf.

Für den Einsatz der Musik im Sport ist es von Vorteil, wenn mehrere Musikstücke im Wechsel eingesetzt werden können. Entspannungseffekte erfahren durch Musikeinwirkung eine günstige Unterstützung. In entspannter Liege oder Sitzhaltung wandert die Wahrnehmung zwischen Musik und Körper hin und her. Ein Fokussieren auf die Gesamtbefindlichkeit erleichtert die Realisation der bildhaften Vorstellung von Entspannung. Erwünscht ist eine wechselseitige Beeinflussung zwischen Musikhören und eigenem Körpererleben, unerwünscht ist eine passive „Musikberieselung“.

Tipp

Wenn Sie mit Musikeffekten arbeiten, sollten Sie immer ein ipod oder einen tragbaren CD-Player bei sich haben, gleichzeitig aber auch vorbereitet sein, wenn diese Geräte einmal nicht zur Verfügung stehen. Dann sollten Sie über den akustischen Analysator in der Lage sein, die Erinnerung an Ihre Lieblingsmusik abzurufen und dazu zu summen oder zu pfeifen.

12

Die Gefühls-Ebene

Und welche Gefühle leiten Sie?

Emotionen und Befindlichkeiten

Emotionen sind Erlebnisse, die in Form von Grund- bzw. Primärgefühlen wie zum Beispiel Freude, Wut, Angst, Trauer und Interesse sowie in zahlreichen Gefühlskombinationen in Erscheinung treten können.

Bei den Emotionen handelt es sich dabei um Sinneswahrnehmungen, die über Erfahrungen und Erinnerungen ausgelöst und geprägt werden. Gefühle drehen sich meistens um Lust oder Unlust, sind mit Zeichen körperlicher Erregung verbunden und durch eine anhaltende Spannung gekennzeichnet. Wenn also Sportler Angst vor dem Versagen haben und als Verhalten Rückzug an den Tag legen, dann ist es das Bedürfnis nach Anerkennung, also die Angst, ausgeschlossen zu sein aus der Gemeinschaft. Wer im Training Topleistungen bringt, im Rennen aber versagt, der so genannte „Trainingsweltmeister“, hat vielleicht Angst, aus dem Kader, aus dem System, ausgeschlossen zu werden. Erfolg ist für ihn nur ein Mittel zum Zweck – nämlich den Kaderstatus zu halten. Sichtbare Emotionen wie Aggressionen sind auch häufig sekundäre Emotionen. Dahinter liegt beispielsweise eine primäre Emotion wie Angst vor Zurückweisung und ein tiefes inneres Gefühl für Bindung.

Für die Entstehung von Gefühlen kann sowohl eine erhöhte unspezifische körperliche Erregung als auch die situationsabhängige Wechselwirkung der Ebenen als ausschlaggebend angesehen werden. Gefühle beeinflussen immer auch unsere Gedanken, Vorstellungen und Fantasien und bestimmen daher maßgeblich die Qualität unserer Befindlichkeit. Um die aktuelle Befindlichkeit zu bearbeiten, können suggestive Verfahren wie Trancetechniken, Fantasiereisen aus der Hypnosetherapie oder imaginative Verfahren aus der Katathymen Imaginativen Psychotherapie (KIP) eingesetzt werden. Darunter versteht man unter anderem die Aufarbeitung von aktuellen Gefühlszuständen durch Symbole. Bereits die Vorstellung von einer Blume und die anschließende kreative Gestaltung, durch Malen, kann Erinnerungen auslösen, die wiederum Aufschluss über aktuelle Befindlichkeitszustände geben, die bearbeitet werden können. Die Blume kann anschließend auch so verändert werden, dass sie für die optimale Befindlichkeit einen vertrauensvollen imaginativen Begleiter abgibt, der in Situationen des Zweifels abgerufen werden kann und Energie spendet.

Ho-Ho-Ha-Ha-Ha

(Wörz, 2003)

Lachen steigert Ihre Befindlichkeit!

Muskelgruppe	Wirkung
zygomaticus major	Hebt den Mundwinkel nach oben und seitlich. In der Mimik drückt seine Kontraktion Lachen oder Vergnügen aus.
zygomaticus minor, musculus risorius	Wird als Lachmuskel bezeichnet. In der Mimik drückt sich seine Kontraktion so aus, dass ein Gesichtsausdruck des Handelns entsteht.
musculus buccinator	Ermöglicht das Ausblasen der Luft, zieht die Mundwinkel nach außen und sorgt für faltenlose Ausbreitung der Wangenschleimhaut. Wirkt bei Lachen und Weinen mit. Gesichtsausdruck zeigt Genugtuung.

Durch das Bewegen dieser Muskeln wird ein positives Signal direkt zum Großhirn geleitet.

Das Verhalten „Lächeln" löst in unserem Gehirn Erinnerungen aus, die bis in die Kindheit zurückgehen und positiv heiter besetzt sind.

Das heißt, wir aktivieren über ein Verhalten unseren Selbstregulationsmechanismus, unsere Erfahrungen, die Lerngeschichte unseres Lebens. Bereits nach wenigen Sekunden werden negative Gefühle von positiven überlagert. Weiters sollten Sie fähig sein, eine Gesichtsdiagnostik durchzuführen, Ihren Gesichtsausdruck zu kontrollieren, diesen in negativ besetzten Stresssituationen zu verändern und ihn in einen entspannten, lockeren, optimistischen „umzuwandeln". Gerade jene Muskeln, in ungünstigen Momenten ohnedies schon angespannt, sollen hier paradoxerweise noch übersteigert angespannt werden. Anschließend sollen sie losgelassen werden. Locker und weich wird der harmonische Zustand wiederhergestellt. Sprichwörter und Sätze wie: „Lächle, und die Welt lächelt zurück" oder „Humor ist der Gegenspieler der Angst" (ausgesprochen von Viktor Frankl, einem der Urväter der Lachtherapie) kommen nicht von ungefähr. Lachen ist die beste Medizin. Diese Erfahrung ist nicht neu. Sie hat sich über Jahrtausende hinweg bestätigt, auch wenn die Lachwissenschaft (Gelotologie) lediglich rund 40 Jahre alt ist. Lachen bewirkt in Ihrem Körper eine Vielzahl von positiven Vorgängen.

Positive Auswirkungen von Lachen

- Steigert die Zahl von Abwehrzellen wie Lymphozyten, Immunglobuline und Leukozyten.

- Senkt die Produktion von Cortisol, des Wachstumshormons, und von Adrenalin - beides Stresshormone.

- Fördert die Ausschüttung stimmungsaufhellender Botenstoffe.

- Regt die Produktion schmerzstillender Hormone (Endorphine) an.

- Steigert den Herzschlag.

- Beschleunigt die Atmung.

- Verbessert den Blutdruck.

- Massiert den Darm über das vibrierende Zwerchfell.

- Schützt die Blutgefäße.

- Kräftigt die Skelettmuskulatur und sorgt durch die ihm folgende Entspannungsphase für ein herrliches Wohlgefühl.

Allerdings: unsere Leistungsgesellschaft hat das Lachen verlernt. Konkurrenzdruck und Neid stehen im Vordergrund. Lachen? Lachen ist nicht nur positiv, sondern gleichermaßen auch negativ besetzt. Es heißt aber auch aus-lachen oder aus-gelacht werden. Es gibt auch negative Aussprüche darüber wie: „Wo gelacht wird, wird nicht gearbeitet“ oder „Ein humorvoller Chef ist keine Führungspersönlichkeit“. Sie müssen der Angst trotzig ins Gesicht lachen und

Mut zur eigenen Lächerlichkeit entwickeln. Lachen, Humor, fröhliches Auftreten, können in einer Unternehmenskultur einen wesentlichen Beitrag zur Motivationssteigerung der Angestellten liefern.

Unter dem Druck der Anpassung verschüttete Kanäle zur eigenen ungebremsten Lebenskraft und Kindlichkeit werden laut Frankl wieder geöffnet. Alles kommt in Fluss. Vor allem der Atem. Ängstliche Menschen atmen zu flach und zu kurz. Lachen vertieft und verlängert die Einatmung, während es die Ausatmung verkürzt, dennoch aber intensiviert. Scham, Mangel an Selbstwert, Angst, Wut, Neurosen und Depressionen führen zu einem negativen Kreislauf, der durch Lachen durchbrochen werden kann. Die Abläufe im Körper werden wieder normalisiert, der Heilprozess in Gang gebracht.

Lachtraining fördert die Motivation

Sie können gedanklich nicht abschalten und haben ein unangenehmes Gefühl, sich der folgenden Herausforderung zu stellen. Sie wollen diese Situation vermeiden und fühlen, wie Sie sich verkrampfen. Es entstehen negative Gedanken, die sich auch auf Gestik und Mimik auswirken.

Um dem entgegenzuwirken, kann über das Verhalten „Lächeln“ Entspannung gefördert werden. Lächeln steht in Verbindung mit Freude und Heiterkeit und ist eine Konditionierung.

Bereits ein kurzes Hochziehen der Mundwinkel bewirkt erstens eine Entspannung der Muskulatur und zweitens eine heitere, auflockernde Grundstimmung: Lächeln erinnert an Fröhlichkeit!

Ein lockeres, befreites Gefühl stellt sich dabei im ganzen Körper ein. Sie sollten daher ein leichtes Lächeln in Ihren Arbeitsalltag integrieren und dieses automatisieren. Setzen Sie sich einen besonderen Marker, wie beispielsweise einen „Smilie" auf dem Schreibtisch, der Sie ständig und liebenswürdig an das lächelnde Verhalten erinnert. Wenn Sie dies sehr gut trainiert, integriert und automatisiert haben, dann genügt Ihnen bereits die Vorstellung, ein „Lächeln nach innen", um Ihren gesamten Bewegungsablauf locker und flüssig zu gestalten. Gar nicht so sonderbar - aber verkrampfte Menschen kann man bereits an Ihren Gesichtszügen erkennen!

Zu Trainingszwecken sollten Sie täglich - unabhängig von Ihrer Stimmung - 30 Sekunden über einen Zeitraum von vier Wochen in den Spiegel lächeln, um die notwendigen Lachmuskeln auf den „Ernstfall" vorzubereiten.

Lachyoga

In Indien weit verbreitet ist die Praktik des Lachyogas. Begründer ist Madan Kataria, der 1995 mit seinem ersten Lachclub in Mumbai begann. Derzeit gibt es mehr als 1200 Lachclubs in den USA, Kanada, Frankreich, Deutschland, Spanien, Italien, Schweden, Australien und vielen anderen Ländern. Beim Lachyoga wird ohne Zuhilfenahme von Witzen gelacht, denn nach Katarias Theorie ist die Wirkung des Lachens unabhängig vom Grund. Es sei daher nicht notwendig, Humor zu haben. Durch Blickkontakt, rhythmisiertes Sprechen (ho-ho-ha-ha-ha) und Gruppendynamik entstehe ein echtes Lachen, das sich verbreitet. Zitat Madan Kataria:

„Wir lachen nicht, weil wir glücklich sind - wir sind glücklich, weil wir lachen!"

Da man nicht gleichzeitig lachen und denken kann, soll Lachyoga eine positive Auswirkung auf den Geist haben. Ähnlich wie bei einer Meditation führe das Lachen zu einer geistigen Entspannung. Zudem berichten Teilnehmer von Lach-Seminaren immer wieder, dass sie danach nicht nur eine positivere Grundstimmung hatten, sondern auch freier und kreativer im Denken waren. Mit einem einmaligen Besuch von Lachyoga-Stunden oder Lach-Seminaren ist es freilich nicht getan – auf das regelmäßige Training kommt es an.

Tipps

Wie Sie mehr zu lachen haben:

- Lernen Sie, über sich selbst zu lachen! So können Sie viele Situationen besser meistern!

- Leben Sie mit Begeisterung und Hingabe. Es zählt weniger das „Was", sondern vielmehr das „Wie". Sie gewinnen an Lebenssinn, wenn Sie in bestimmten Tätigkeiten „aufgehen" können, womit auch immer Sie sich beschäftigen (mit anderen Menschen, mit Pflanzen usw.) – wichtig ist, dass Sie Ihre Begeisterung entdecken.

- Seien Sie neugierig. Neugierde ist einer unserer größten Motivatoren. Manches „spielerisch" zu sehen macht neugierig und gibt Ihnen Energie.

- Integrieren Sie mehrmals täglich ein leichtes Lächeln in Ihren (Arbeits-)Alltag. Das automatisiert sich mit der Zeit und Sie fühlen sich dadurch besser.

- Verschenken Sie öfter ein Lächeln – auch wenn Ihnen selbst nicht zum Lachen zumute ist.

Imaginative Technik „Kraftwörter"

Manche Wörter in unserer Sprache „sprechen" uns besonders an, da Sie sich auf unsere Fähigkeiten beziehen. Es sind Wörter, die uns Kraft geben, wenn wir an sie denken. Wählen Sie sich aus dieser Liste ein solches Wort aus, das Sie besonders „anspricht":

Kraftwörter

Aufmerksamkeit
Ausdauer
Begeisterung
Dankbarkeit
Einfachheit
Energie
Freiheit
Freude
Friede
Freundschaft
Geduld
Gelassenheit
Geborgenheit
Harmonie
Herzlichkeit
Humor
Kraft
Liebe
Mut
Ordnung
Ruhe
Schönheit
Selbstständigkeit
Stille
Verständnis
Vertrauen
Wachstum

Schreiben Sie das gewählte „Kraftwort“ - oder ein für Sie passendes anderes - auf ein Blatt und malen Sie es, wie es für Sie am besten passt. Sie können diese Kraftwörter wie die autosuggestiven Formeln in Ihren Alltag integrieren, sie zu einem Verhaltensritual werden lassen. Auch sehr gute Wirkungen kann man erzielen, wenn man die Kraftwörter mit der Progressiven Muskelrelaxation oder anderen Entspannungsverfahren kombiniert, sich also die Kraftwörter in der Entspannungsphase vorspricht und verinnerlicht.

Der imaginäre Helfer

Nutzen Sie Ihre Ressourcen!

Wann immer Sie in eine sehr belastende Situation kommen bzw. Sie Ihr Verhalten in einer bestimmten Situation verändern wollen und meistens in Ihr altes Muster verfallen (obwohl Sie im entspannten Zustand Ihr optimales Verhalten sehr genau beschreiben können), benötigen Sie einen imaginären Helfer. Diesen können Sie quasi auf Knopfdruck aktivieren; er unterstützt Sie, er erinnert Sie an die Lösung, er verleiht Ihnen die notwendige Energie, Ihr altes Muster zu durchbrechen und die Situation zu meistern. Der imaginäre Helfer ist also eine Ressource (Stärke), die Sie jederzeit für sich nutzen können. Manchmal wird sich dieser Helfer in Form eines übersinnlichen Wesens, eines starken Tieres usw. vorgestellt.

Der imaginäre Helfer wird mit einem passenden Codewort bezeichnet und auch herbeigerufen, sodass ein Gefühl der Stärke und Sicherheit bei Ihnen entsteht.

Sie sind also in schwierigen Situationen nicht mehr allein, unsicher und hilflos, sondern es wird Ihnen der Rücken mit einem zusätzlichen Energieschub gestärkt. Wichtig ist dabei, dass Sie sich natürlich ein klares Bild in Ihrer Vorstellung zurecht legen, wie Sie bestimmte Situationen meistern wollen und diesen Film regelmäßig gedanklich ablaufen lassen. Bereits im Probetraining stellen Sie sich eine schwierige Situation vor: wie Sie unsicher und hilflos agieren. Rufen Sie dann in Ihrer Vorstellung den Namen Ihres imaginären Helfers, fühlen Sie die Kraft und Energie und ändern Sie Ihr Verhalten dahingehend, dass es Ihr gewünschtes wird.

Wenn Sie dies mehrmals im Kopf geübt haben, sind Sie bereit, auch unter Druck Ihrem gewohnten Muster zu entkommen und Ihren Soll-Zustand einzuleiten.

Beispiel, wie ein imaginärer Helfer entwickelt werden kann:

Nehmen Sie ein Blatt Papier und einen Bleistift und zeichnen Sie ein Tier, welches Ihrem Vater am ehesten entspricht. Zeichnen Sie dann ein Tier, welches Ihrer Mutter am ehesten entspricht, dann eines für Ihre Geschwister und schließlich eines, das Ihnen am ehesten entspricht.

Finden Sie zu jedem Tier drei positive Eigenschaften (ausschließlich positive!).

Zeichnen Sie eine Gestalt, die aus den positiven Eigenschaften aller gezeichneten Tiere entspringt.

Stellen Sie sich nun die positive Energie dieser Gestalt vor, die Sie beim Meistern Ihrer Aufgaben stets begleiten wird.

Benennen Sie Ihre Gestalt und vereinbaren Sie eine Geste, eine Bewegung, damit Sie diese Gestalt jederzeit imaginär herbeirufen können.

13.

Angst und Unsicherheit

Angriff ist die beste Verteidigung

Der Mensch wäre immer schon vom Aussterben bedroht gewesen, wenn ihn das Angstgefühl, dieser lebensnotwendige Schutzmechanismus, nicht zur Vorsicht vor unüberlegten Handlungen gemahnt hätte. Angstgefühle gehen also einher mit der Entwicklung des menschlichen Seins, sind daher auch in unserer Persönlichkeit eingespeichert und werden so quasi immer weiter übertragen und überliefert. Dieses Phänomen wird dadurch erklärt, dass sich Menschen in Situationen fürchten, obwohl sie diese zum ersten Mal durchleben oder nie durchlebt haben, beispielsweise Angst, von spitzen Gegenständen verletzt zu werden, Angst vor wilden Tieren, Angst abzustürzen.

> Von den positiven Wirkungen der Angst zu den Angsterscheinungen, die uns in unserem Alltag beeinträchtigen, ist es nur ein kurzes Stück.

Angst wird erst dann zum Problem, wenn sie unsere Lebensqualität beeinträchtigt bzw. wenn wir in bestimmten Situationen unangemessen reagieren und unsere Leistungsfähigkeit dadurch drastisch reduziert wird. Angst kann natürlich auch aufgrund von Erfahrungen ungewollt erlernt werden.

Ein Olympiasieger beschreibt den Umgang mit der Versagensangst vor dem Start folgendermaßen: „Wenn der Druck extrem hoch wird, neigst du eher zu Passivität und Rückzug, wenn es dir nicht gelingt, die Situation umzubewerten. Beispielsweise: Diese Abfahrtsstrecke ist vergleichbar mit einem wilden Pferd, das ich jetzt zahm reiten möchte. Bereits die Freude auf diese Vorstellung verändert das Gefühl der Angst oder wandelt das Gefühl der Angst in positive Energie und Begeisterung um. So wird aus Passivität Aktivität und du bist bereit für die Konfrontation."

Tipp

Suchen Sie sich für unangenehme Aufgaben entsprechende Bilder, die Freude und Begeisterung auslösen!

Wann immer Sportler oder Manager bei Großereignissen versagen oder ihre Möglichkeiten nicht ausschöpfen können, dann sind ihre Vermeidungssrituale ähnlich. Der Erwartungsdruck wurde so groß, dass sie am liebsten, bevor sie noch angetreten sind, die Situation bereits hinter sich gebracht hätten. Wenn Sie die Herausforderung verdrängen, sind Sie mit Ihren Gedanken bei möglichen Konsequenzen und nicht im Hier und Jetzt. Sie haben daher Angst zu versagen und verkrampfen sich. Diese negativen, sich selbst erfüllenden Prophezeiungen werden dadurch zur Realität. Jede Bestätigung der Gedanken und Vorstellungen bestärkt die negative Erwartungshaltung. Die Folge: Die Angst vor zukünftigen Herausforderungen nimmt zu. Bedenken Sie auch weiters, dass Angstgefühle zwei konkrete Gegenspieler haben: Spaß und Freude. Wenn Sie die Situation genießen, können Sie auch besondere Herausforderungen meistern. Bringen Sie Humor in bestimmte Situationen. Dann wird die Angst Probleme haben, Sie zu beherrschen.

Ein zweiter Antagonist der Angst ist die Entspannung.

Gelingt es Ihnen, jene Muskelgruppen zu entspannen, die in Angstsituationen zur Verkrampfung neigen, wie beispielsweise Nacken- und Schultermuskeln, Kaumuskulatur, Stirnmuskulatur, und ruhig weiterzuatmen, dann können Sie die Angst leichter kontrollieren. „Froh und heiter geht's locker immer weiter."

Der Angstverlauf

Der typische Verlauf der Angst gestaltet sich folgendermaßen. Wenn Sie in eine Situation geraten, die Angst auslöst, steigt das unangenehme Gefühl. Sie glauben, die Angst steigt ins Unermessliche und Sie beginnen, häufig mit Vermeidungsstrategien bzw. Rückzugstendenzen. Das kann soweit führen, dass Sie sogar bestimmte Situationen wie einkaufen, fortgehen etc. meiden, da aufgrund von gemachten Erfahrungen Angstgefühle ausgelöst werden. Es kann aber auch sein, dass Sie gedanklich diese Situation vermeiden und sich bereits in die Zeit danach, in die Zukunft versetzen und hoffen, dass diese Situation endlich vorüber ist und sie diesen Ort schnellstmöglich verlassen können. Stellen Sie sich aber offen der Herausforderung, steigt die Angst in der Realität nicht mehr weiter an, sondern es kommt zu einer Plateau-

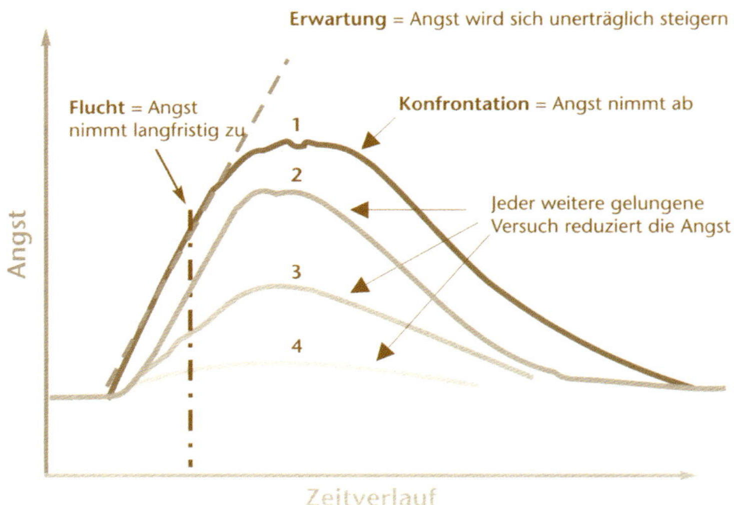

Konfrontation mit einer angstbesetzten Situation (in Anlehnung an Reinecker 1987)

Bildung, die, nachdem die Angstsituation durchlebt wurde, wieder abfällt. Das Abfallen der Angst ist meist mit einer Erleichterung verbunden und mit der Genugtuung, sich der Situation gestellt und sie bewältigt zu haben. Das würde bedeuten, dass die Angst bei der nächsten Herausforderung deutlich reduziert verläuft. Vermeidung wiederum bedeutet, dass sich die Angst auch für zukünftige Ereignisse weiter aufschaukelt und diese Problemsituationen einen auf Dauer fast unüberwindbaren Charakter bekommen können.

Angstbewältigungsstrategien

Zur Bewältigung der Angst möchte ich Ihnen zwei Verfahren vorstellen, und zwar die systematische Desensibilisierung (SD) und das Konfrontationstraining.

Systematische Desensibilisierung (SD)

Für eine systematische Desensibilisierung sollen Trainer und Sportler oder Manager für sich alleine eine Hierarchie erstellen (von 1 bis 10), wobei „zehn“ jene Situation darstellt, die am meisten Angst auslöst, „eins“ jene ist, die am wenigsten Angst macht. Größte Angst könnte beispielsweise herrschen vor einem Großereignis wie Olympische Spiele oder Weltmeisterschaft, das der Sportler nach schwerer Verletzung bestreiten muss; er fürchtet sich davor, bei einem solchen Wettkampf seine Topleistung erbringen zu müssen. Größte Angst könnte auch herrschen vor einer wichtigen Konferenz, bei der es um ein großes Geschäft geht und die Karriere entscheidend für den Manager werden kann.

Beispiel einer Hierarchie:

1. Am wenigsten Angst löst die Reise zum Wettkampfort aus;
2. Es folgt die Akkreditierung, bei der der Sportler erstmals mit möglichen Konkurrenten zusammentrifft;
3. Betreten der Wettkampfstätte;
4. Erstes Training in der Wettkampfstätte;
5. Konfrontation mit Journalisten;
6. Erwartungshaltungen des Umfeldes;
7. Auslosung;
8. Aufwärmen mit den Konkurrenten im Stadion;
9. Startvorbereitungen;
10. der Wettkampf selbst: Zum Saisonhöhepunkt muss der Athlet in einem vollen Stadion antreten; es geht auch um seine existenzielle Absicherung, um Sponsorengelder und/oder den Verbleib in einer Heeressportgruppe; der Sportler weiß, im Mittelpunkt des Interesses zu stehen, er weiß, was sich viele denken: dass er ohnehin nichts zustande bringen wird.

Jede dieser Situationen soll in entspanntem Zustand gedanklich Schritt für Schritt nachvollzogen werden. Sobald Unruhe auftritt, muss der Akteur lernen, sich zu entspannen. Das Prinzip ist, Angstsituationen in entspanntem Zustand durchzuspielen und dabei die Entspannung als Angst reduzierend zu empfinden.

Zu Beginn versetzt sich der Sportler in einen entspannten Zustand, zum Beispiel durch ein Ruhebild, oder durch andere Entspannungsverfahren. Anschließend wird dem Sportler detailliert Stufe eins geschildert (wichtig dabei ist, dass die Hierarchie zuvor genau durchbesprochen wurde!). Beim Schildern sollen möglichst viele Sinnesempfindungen eingeschlossen werden. Erst wenn Stufe eins völlig problemlos im entspannten Zustand bewältigt werden kann, geht man zu Stufe zwei über. Gibt es dort emotionale Probleme, kehrt man zu Stufe eins zurück.

Sehr oft verlässt der Sportler bei diesem Training mental die Situation; dann nämlich, wenn sie unangenehm wird. Effizienter ist allerdings, sich dieser Situation zu stellen. Wie, soll im nächsten Absatz dargestellt werden.

Die Konfrontationsmethode

Die Situation, die die meiste Angst bereitet, sollte sehr genau durchbesprochen werden - mit allen Konsequenzen, die passieren können. Das Gespräch trägt bereits dazu bei, dass unangenehme Gedanken nicht wie gewöhnlich verdrängt werden können, sondern eine erste Form der Konfrontation darstellen. Vermeider weichen Auseinandersetzungen mit unangenehmen Situationen permanent aus und meinen: „Ich will gar nicht darüber reden, irgendwie wird das schon passen“. Die Problematik beim Vermeiden liegt darin, dass die Angst vor der nächsten Konfrontation mit dem unangenehmen Auslöser deutlich zunimmt, weil keine

Aufarbeitung des Problems erfolgt ist. Die Angst wird also nur größer.

Die Konfrontationsmethode eignet sich besonders, um die Angst in den Griff zu bekommen. Sowohl der Sportler als auch der Manager lernen dabei, sich mit angstbesetzten Situationen in der Realität zu konfrontieren. Sie müssen sich dabei auf die angstbesetzte Situation einlassen und lernen zu verharren, bis es zu einer Gewöhnung an die Situation kommt. Die Angst gelangt an einen Punkt, an dem viele Menschen fliehen. Flucht bedeutet, dass die Angst zwar kurzfristig abnimmt, aber das Problem sich langfristig zu einem unüberwindbaren Hindernis aufschaukelt: wenn die Angst nämlich ein gewisses Ausmaß erreicht. Wenn man jedoch in der Situation bleibt und dieses Gefühl bewusst durchlebt, kommt es zu einer Gewöhnung der Angst, d.h. die Angst steigt nicht mehr weiter an, sondern beginnt sich zu reduzieren. (ABB Konfrontation). Wenn eine ähnliche Situation das nächste Mal wieder auftritt, wird diese eine andere Bewertung erfahren und als deutlich weniger belastend erlebt werden.

Die Konfrontationsmethode läuft in drei Schritten ab:

1. Gespräch
2. Vorstellung: sich mental mit der Situation konfrontieren
3. Konfrontation in der Realität:
   Im Training werden Stresssituationen imitiert.
   Angstbesetzte Wettkampfsituationen werden gesucht.

Wenn Sportler vor großen Wettkämpfen oder Manager vor wichtigen Verhandlungen von Angst oder Versagensängsten geplagt werden, können sie sich nicht auf ihre Einsätze und Auftritte freuen, sondern wünschen sich bloß, dass es schon vorbei wäre. Am liebsten möchten sie vor Beginn des Wettkampfs/der Verhandlungsrunde schon wieder daheim sein, wollen mental fliehen, haben ein positives Resultat ihres Tuns bereits vorher abgeschrieben. Wenn sie sich jedoch vorher über das Gespräch und in der mentalen Vorstellung mit der Realität konfrontieren, dort bereits ihre Ängste abbauen, wird der Wettkampf anders verlaufen. Entspannter, mit Spaß und Freude an der Sache, vor allem aber: erfolgreicher!

Tipp

Um ein starkes Angstgefühl (Phobie) zu behandeln, sollten Sie die beiden Verfahren nicht im Selbstversuch anwenden, sondern Hilfe eines Psychotherapeuten in Anspruch nehmen.

Traumatisierte Erlebnisse verarbeiten

Folgendes Beispiel soll verdeutlichen, wie ein traumatisiertes Erlebnis eines Skirennläufers verarbeitet und bewältigt werden kann.

Einmal stürzte ein Salzburger Abfahrer im ersten Trainingslauf im Zielsprung der „Streif"-Abfahrt in Kitzbühel (Österreich) schwer. Es war seine erste Saison im A-Kader der österreichischen Nationalmannschaft, es war seine erste Begegnung mit der berühmt-berüchtigten Hahnenkamm-Abfahrt. Frohgemut war er nach Kitzbühel gekommen, hatte er doch beim Rennen zuvor in Bormio als bislang beste Weltcup-Platzierung den zweiten Rang belegt. Und nun das: Schwere Gehirnerschütterung und Gehirnprellung sorgten für ein unerwartetes Saisonende; und es wurde gar spekuliert, dass der Skifahrer dem Hochleistungssport für immer ade sagen könnte. Bedeutete ein Sturz mit 120 Stundenkilometern das Ende seiner jungen Skikarriere?

Doch er ist ein Sportler mit Herz und Verstand. Und Durchschlagskraft. Mit größter Konsequenz und Einstellung, mit größtem Trainingsfleiß und einer enormen Motivation arbeitete sich der Salzburger wieder an die Weltspitze heran. Von ihm selbst kam auch das Verlangen, auf mentalem Gebiet zu trainieren und Fortschritte zu erzielen. In diesem Punkt fand er große Unterstützung von seinem Trainer Toni Giger. Mentales Training einfach deshalb, weil der Sturz in Kitzbühel einen tiefen Riss in sein Gefühls- und Gedankenleben gerissen hatte: Der Athlet wurde von diesem Ereignis regelrecht verfolgt und hatte Albträume. Ein ständig unsicheres Gefühl bei dem Gedanken an Sprünge generell war die Folge.

So wurden in einem ersten Schritt des mentalen Trainings sämtliche Details des ominösen Übungstages in Kitzbühel, von der Vorbereitung bis zum Unfall, besprochen und hinterfragt. Bereits diese Auseinandersetzung mit diesem Tag war der erste Schritt der Konfrontation und der Angstbewältigung. Er sollte möglichst entspannt den gesamten Hergang der Handlungen schildern.

Weiters schilderte der Skisportler, was an seinem erfolgreichsten Renntag, in Bormio wenige Wochen zuvor, geschehen war. Wie er den zweiten Rang erkämpfte, wie er sich auf die Konkurrenz vorbereitet hatte, welche Nachbetrachtungen er anstellte.

Ebenso wurde **eine entspannte Situation, ein Ruhebild**, in allen Details herausgearbeitet. Nur die Vorstellungen von Kitzbühel bescherten dem Sportler dann doch noch ein unangenehmes Gefühl. In einem weiteren Arbeitsschritt wurden nun die positiven Erlebnisse von Bormio und das Ruhebild mental nachvollzogen.

Konkret wurde es, als es um die verschiedenen Sprünge ging, die im Laufe einer Ski-Abfahrt zu bewältigen sind. Hier wurde das Verhalten bei den diversen Sprüngen genau analysiert und von den leichteren ausgehend bis hin zu den schwierigen mental nachvollzogen. Zudem musste der Sportler sämtliche positive Faktoren auflisten, die das Springen so attraktiv machten. Zur Unterstützung und um die Vorstellung weiter zu vertiefen, wurden Videoaufnahmen von Sprüngen herangezogen. Erst wenn der Rennfahrer leichtere Einsätze mental sicher bewältigen konnte, wurde der Schwierigkeitsgrad erhöht.

Beim **Vorstellungstraining** hatte sich der Athlet dann in die Situation zu versetzen, in Kitzbühel zu sein. Er musste sich das Quartier, die Leute, den Hang vorstellen, quasi als mentale Aufwärmübung. Dann fuhr er sich geistig auf der „Streif" ein und schilderte entspannt seine Gefühle. In einem weiteren Schritt fuhr er die Abfahrt aufrecht hinunter, dann mit Tempo, ohne allerdings die Sprünge zu berücksichtigen. Vor allem jenen Zielsprung, der ihm zum Verhängnis geworden war, nahm er bei seinen geistigen Rennen besonders vorsichtig, schwang das erste Mal gleich zweimal ab, dann einmal, und kam dann in der Folge soweit, dass er ihn mental sicher sprang. Zu sagen hatte er dann, wie weit er den Sprung gesetzt hatte.

Das konkrete Imaginationstraining verlief dann folgendermaßen:

In der **ersten Phase** versetzte sich der Skisportler in einen entspannten Zustand. Hier eignet sich besonders das differenzierte Wahrnehmen von Gefühls- und Spannungszuständen bestimmter Körperregionen: Wie fühlt sich der rechte Arm im Vergleich zum linken an? Und wie die rechte Körperhälfte im Vergleich zur linken? Gibt es Unterschiede? Welche? Man lernt in dieser Situation auch, mit Geräuschen und anderen Störfaktoren umzugehen. Man nimmt sie als gegeben, und deshalb gelassen, hin. Die Aufmerksamkeit verlagert sich langsam von außen nach innen, der Körper wird schwerer, wobei der Geist hellwach bleibt.

Dann versuchte er in der **zweiten Phase,** sich mit allen Sinnesorganen in das Ruhebild hineinzuversetzen. Erst wenn er durch und durch entspannt war, stellte er sich sein erfolgreichstes Rennen bis zu diesem Zeitpunkt (Bormio) vor und gab während der mentalen Fahrt immer wieder Auskünfte über sein aktuelles Gefühl, den Streckenverlauf, über angestellte Beobachtungen. So entwickelte sich der Dialog mit dem Sportler. Nach dem Rennen wurde wieder das Ruhebild abgerufen.

In der **dritten Phase** musste sich der Sportler Kitzbühel vorstellen. Es wurde versucht, das positive Gefühl von Bormio in den österreichischen Skisportort zu übertragen - mit genauen, möglichst konkreten Details über den Startraum und den dortigen Vorbereitungen: Was hat der Sportler hier getan, und was dort? Dann fuhr er in der Vorstellung in mehreren Etappen die „Streif" hinab. Das erste Mal kommentierte er seinen Lauf - was er machte, bei welcher Kurve er war, worauf er gerade besonderen Wert legte - und war eher langsam. In einer optimierten Phase wurde der Start und dann die Zieldurchfahrt des Läufers von ihm selbst mit einem Handzeichen angegeben, und die Zeit wurde mitgestoppt. Diese Zeiten entsprachen der Realität mit Abweichungen von plus/minus fünf Sekunden und wurden stabil eingehalten (auch beim wahren Rennen variieren die Zeiten auf der „Streif"). Anschließend rief der Athlet das Ruhebild zur Regeneration und Erholung auf.

In einer **nächsten Phase** befand sich der Sportler wieder im Ruhebild. Nun wurden verschiedene Gefühls- und Erlebniszustände miteinander gekoppelt. So genoss er das gute Gefühl von Bormio und befand sich gleich anschließend am Start von Kitzbühel.

Er stellte sich vor, bei der Siegerehrung in Italien zu sein und im nächsten Augenblick in einer eher angstbesetzten Abfahrt, just in einem Moment des Springens. Hier wurden Gefühlszustände vermischt mit dem Ziel, dass der Sportler das nächste Mal mit einem völlig neuen Gefühl an eine angstbesetzte Situation, im konkreten Fall das Rennen in Kitzbühel, herangehen könne.

Die erste Konfrontation mit dem Ort des Traumas

Erst als der Skifahrer mental die „Streif" bewältigt hatte, ging es für ihn in die eigentlich vorentscheidende Phase, nämlich die Rennstrecke noch im selben Sommer von oben bis unten abzugehen. Auf diesem Wege musste er sich immer wieder die Situation und die Bedingungen im Winter vor Augen führen, sich intensiv mit der Bewältigung technisch schwieriger Passagen mental beschäftigen und die Anweisungen des Trainers in die Vorstellung übertragen.

Die entscheidende Phase an diesem Tag war das Verharren am Zielsprung. Ein halbes Jahr nach dem Unfall wurde der Salzburger Skisportler das erste Mal mit der Realität konfrontiert. Um noch näher an die Wirklichkeit heranzukommen, stand er am Zielsprung mit Helm, Skibrille und Skistöcken und simulierte die Fahrt vom Start bis ins Ziel: in der Rennhocke, mit Gewichtsverlagerungen in den Kurven, mit den Vorbereitungen der Sprünge (zu Beginn fuhr er mit aufrechtem Oberkörper über den Zielsprung). Durch die Beobachtung des Imitationsverhaltens konnte zu jedem Zeitpunkt wahrgenommen werden, an welchem Punkt sich ihr Schützling gerade aufhielt.

Andi Schifferer simuliert den Zielsprung

Erst ab diesem Zeitpunkt, als der Salzburger Sportler die Abfahrtsstrecke und den Zielsprung mental sicher beherrschte, war der positive Kontakt mit dem Ort des negativen Ereignisses wiederhergestellt. Für ihn wurde mentales Training als fester Bestandteil seines Gesamt-Trainingsplanes aufgenommen.

Erfolgreiches Resumee

Als gelungen konnten die Bemühungen in diesem Sektor der Angstbewältigungsstrategie nach dem Hahnenkammrennen in Kitzbühel 1997 angesehen werden. Er bewältigte die letzte Passage und den Zielsprung als schnellster aller Fahrer.

Wenige Wochen später gewann er Weltmeisterschafts-Bronze in Sestriere im Riesentorlauf und belegte bei der WM-Abfahrt den fünften Rang. Und in der Saison 1997/98 holte er sich dann nicht nur fünf Erfolge bei Abfahrten, sondern auch den Abfahrts-Gesamtweltcupsieg!

14.

Über den Selbstwert

Und wie wertvoll sind Sie?

In unserer erfolgsorientierten Gesellschaft wird der Wert des Menschen sehr häufig über die Leistung definiert. Defizite in den Bereichen wie Liebe, Akzeptanz und Anerkennung können durch erfolgreiches Handeln weitgehend kompensiert werden. Das Streben nach Spitzenleistungen und Erfolg rückt immer mehr in den Mittelpunkt. Der Erfolg scheint alle Probleme zu lösen. Ein Teufelskreis beginnt, und der Mensch gelangt an unüberwindbare psychophysische Grenzen.

Denn stimmt unsere Leistung nicht mehr, werden wir menschlich abgewertet, verachtet und häufig fallen gelassen.

Wir fühlen uns leer, lustlos, ausgebrannt und stellen uns Sinnfragen.

Der Umgang mit diesen Enttäuschungen und die Verarbeitung von Niederlagen sind sehr stark von der jeweiligen Persönlichkeit und den Verarbeitungsmechanismen abhängig.

> Relevant ist: Als Mensch
> geachtet und respektiert zu werden, auch wenn
> der sportliche oder berufliche Erfolg ausbleibt,
> sind wertvolle Erfahrungen,
> die unseren Selbstwert stärken.

Wir fühlen den Unterschied, ob uns Eltern, Pädagogen, Trainer, Mitmenschen ausschließlich wegen unserer Erfolge lieben und wertschätzen („Wir lieben dich, weil du wieder gewonnen hast!“). Schnell kann sich ein Leistungsmodell nach der Formel „je mehr Leistung, desto mehr Liebe“ entwickeln. Gerade diese Leistungsorientierung und dieses Streben nach Anerkennung fördern eine Ergebnisorientierung und reduzieren die Freude am Handeln selbst. Wird die Sehnsucht nach Anerkennung und Liebe durch die Leistungen und den Erfolg nicht erfüllt, wird dieses Defizit häufig auf der Habens-Ebene kompensiert. Um Anerkennung zu erlangen, müssen also Besitztümer zur Schau gestellt werden. Weitere Möglichkeiten, um die notwendige Zuneigung bzw. Aufmerksamkeit zu erfahren, sind auffällige Verhaltensweisen wie Unpünktlichkeit, Drang, sich in den Mittelpunkt zu stellen, oder die Flucht in die Krankheit. Im Leistungssport werden unter Stressbedingungen oft vergangene und ausgeheilte Verletzungen wieder spürbar. Häufig treten diese körperlichen Beschwerden an einer Schwachstelle des Organismus auf. Sie drücken manchmal den Wunsch des Akteurs nach der Nähe des Physiotherapeuten, Masseurs, Arztes oder Mentaltrainers aus.

Wenn Eltern und Betreuer vermitteln „Wir lieben dich, weil es dich gibt.“, gewinnt diese Aussage eine existenzielle Dimension, auch etwas wert zu sein, ohne etwas geleistet zu haben. Ein hohes Selbstwertgefühl kann dadurch entwickelt werden.

Der multidimensionale Ansatz des Selbstwerts

Unter Selbstwert wird die Bewertung des Bildes, das man von sich selbst hat, verstanden.

Das kann sich auf die Persönlichkeit und die Fähigkeiten des Individuums, auf verschiedene Bereiche des Selbstkonzepts, wie beispielsweise Leistungs-, Soziales, Emotionales oder Physisches Selbstkonzept beziehen.

Potreck Rose, Schütz und Selin (2006), Wörz (2010), betonen in ihren verschiedenen Ausführungen, dass mehrere Selbstwertbereiche, wie soziale Beziehungen, Integrationsfähigkeit, körperliche Befindlichkeit, emotionale Stabilität und Leistungsfähigkeit den Selbstwert definieren. Je nachdem, wohin ein Mensch bei der Selbstbewertung schaut, kann er zu sehr unterschiedlichen Einschätzungen kommen. Ein geselliger Mensch, der in einer intakten Beziehung lebt, wird möglicherweise einen hohen sozialen Selbstwert haben, wenn dieser Mensch aber die falsche Sportart, den falschen Beruf usw. ausgewählt hat und erfolglos agiert, könnte sein Leistungs-Selbstwert entsprechend niedrig sein. Die Problematik liegt dann eher darin, dass Menschen ihren subjektiven Focus auf den Bereich, der bedroht ist, richten und sich selbst entwerten. Häufig führen auch unrealistische Vergleichsstrategien (Landesmeister vergleicht sich mit Europameister) zu Selbstwertproblemen.

Bedrohungen des Selbstwerts

Häufig wird unser Selbstwert aufgrund kritischer Lebensereignisse, sozialer Konflikte, Selbstkritik, als ungerecht erlebte Kritik sowie durch das Gefühl der Vernachlässigung und Ablehnung bedroht (Potreck-Rose 2006, Schütz 2003, Kanning 2000.)

Welche Erfahrungen wir tatsächlich als bedrohlich für unseren Selbstwert erleben, ist von Mensch zu Mensch unterschiedlich.

Jeder hat seine speziellen wunden Punkte. Für viele stellen negative Rückmeldungen auf Leistungen eine Gefährdung des Selbstwerts dar. Eine noch stärkere Bedrohung sind verbale Angriffe. Angriffe verletzen besonders dann, wenn wir uns zuvor geöffnet haben.

Auch kritische Lebensereignisse, wie der Verlust des Arbeitsplatzes oder eine chronische Erkrankung können unseren Selbstwert untergraben. So kann z. B. die Erfahrung, Hilfe zu brauchen, unseren Selbstwert schwächen.

Quellen des Selbstwerts

Schütz (2003) sieht wertvolle Quellen des Selbstwerts in den eigenen Erfolgen und individuellen Fähigkeiten in einer Grundhaltung der Selbstakzeptanz („Ich bin wie ich bin...“), in der Zufriedenheit und Geborgenheit funktionierender sozialer Beziehungen und in der sozialen Kontaktfähigkeit.

Je perfektionistischer und ergebnisorientierter
unsere Leistungsansprüche sind
und je weniger wir uns mit unseren Fehlern
und Schwächen annehmen, umso eher
erleben wir unseren Selbstwert als bedroht.

Die Entwicklung von mehr Selbstakzeptanz stellt deshalb einen wichtigen Schritt auf dem Weg zu einem starken und belastbaren Selbstwert dar.
So wird ein hoher stabiler Selbstwert in der Literatur vermehrt als wichtige präventive Maßnahme für die erfolgreiche Bewältigung von Problem- und Krisensituationen angeführt.
In der Psychotherapie nennen Patienten Selbstwertaufbau als eines der wichtigsten Therapieziele, und im Spitzensport spielt der Selbstwert eine wichtige Rolle für die Verarbeitung von Niederlagen und den Umgang mit Erfolgen.

Drei Persönlichkeitsanteile bestimmen den Selbstwert auf der Bühne unseres Lebens.

Den inneren Kritiker überlisten und locker durchstarten

Da ist der Kritiker, der uns hinterfragt und abwertet. Er ist das Über-Ich, unser Gewissen, das Normen und Regeln einfordert. Selbst wenn wir uns gut genug fühlen, stellt er die Frage, was wohl die anderen von uns denken. Der Kritiker ist sehr stark ausgeprägt bei Menschen mit niedrigem Selbstwert.

Der Faulpelz tritt in zwei Erscheinungsformen an uns heran. Da gibt es den Gauner-Faulpelz, der unsere Zeit stiehlt: Warte doch mit dem Beginn dieser Arbeit, mach etwas anderes. Wir hören auf ihn, sind gleichzeitig unglücklich, wieder nicht konsequent genug zu sein. Der Gourmet-Faulpelz indes ist wichtig und wertvoll, weil er für unsere tiefe und effiziente Regeneration wichtig ist. Wenn schon nichts tun, dann wirklich und mit ruhigem Gewissen! Genieße mit allen Sinnen! Und wir müssen daran arbeiten, diesen Gourmet-Faulpelz zu stärken.

Der Wohltäter ist für alle Dinge, die uns gut tun, da. Er sorgt für unsere Hobbys und Interessen, für genussvolles Essen und gute Musik. Auf ihn sollten wir am meisten hören.

Diese drei Erscheinungsformen bilden zusammen ein gutes Team. Gleichzeitig ist es wichtig, den Gourmet-Faulpelz und den Wohltäter immer mehr Anteile in unserem Leben zu verschaffen und den Einfluss des Kritikers und des Gauner-Faulpelz' zurückzudrängen.

Geringer Selbstwert und Krankheitsbilder

Ein geringer Selbstwert korreliert mit chronischen körperlichen Erkrankungen, mit sozialen Problemen aber auch mit psychischen Störungen wie Depressionen, Ängsten, Essstörungen usw.

Aufgrund extremer Belastungen sind diese Störungsbilder im Spitzensport auch keine Seltenheit. In unserer erfolgsorientierten Gesellschaft wird der Wert des Menschen sehr häufig über die Leistung definiert.

Wir wünschen uns unsere Idole als makellose Vorbilder und Helden und wollen sie nicht als psychisch sensible Menschen wahrnehmen. Welcher Sponsor möchte mit psychischen Problemen seiner Werbeträger konfrontiert werden?

Daher entsteht häufig eine unüberwindbare Schwelle, offen Probleme und Schwächen im entsprechenden Umfeld (Team) anzusprechen und professionell damit umzugehen.

Der verborgene Umgang mit psychischen Störungen kann zum Rückzug und zur sozialen Isolation führen und diese noch dramatisch verstärken.

Als tragisches Beispiel soll an dieser Stelle der deutsche Fußballnationalspieler Robert Enke angeführt werden, der unter Depressionen gelitten und einen Leidensweg durchgemacht hatte, der schließlich zum Selbstmord führte.
Wenn die Öffentlichkeit aufgrund dieses traurigen Ereignisses die

Chance sieht, dass sich der Fußball im Umgang mit psychischen Problemen ändern wird, dann wird neben dem Erfolg auch der menschliche Wert einen höheren Stellenwert bekommen müssen.

Leistungssportler sollten doch mehr wert sein als nur eine Ware, die bei schlechter Leistung samt Inhalt weitergegeben oder ausgemustert wird. Kritische Aussagen des Umfeldes sollten sich primär auf das Verhalten des Sportlers und nicht auf den ganzen Menschen beziehen.

Rechtzeitige Hilfestellungen durch vertrauensvolle Betreuer und Karriereberater, die sich bei klinischen Problemen auf ein Netz von Psychiatern Psychotherapeuten und Psychologen stützen können, sind gefragt.

Entwicklung des Selbstwerts

Die Psychologinnen Potreck-Rose & Jacob (2008) sehen vier Bereiche als zentrale Elemente für die Entwicklung eines stabilen Selbst:

- die Fähigkeit, uns selbst anzunehmen
- das Vertrauen in unser Können
- unsere soziale Kompetenz
- das Eingebundensein in ein soziales Netz

Wenn wir uns selbst annehmen, dann akzeptieren wir uns so wie wir sind, mit unseren Stärken - und mit unseren Schwächen. Voraussetzung dafür ist, dass wir unserem Erleben mit Achtsamkeit und Wertschätzung begegnen. Erst dann können wir all unsere

Erfahrungen offen und mit Interesse wahrnehmen: Ein klares und stabiles Selbst entwickelt sich.

Vertrauen in das eigene Können entsteht, wenn wir Erfolge erleben und annehmen und mit unseren Leistungen zufrieden und kompetent umgehen können. Können wir auf wertvolle Ressourcen zurückgreifen, dann trauen wir uns zu, die Komfortzone zu verlassen, Neues zu lernen und neue Herausforderungen anzunehmen. Wir halten durch und sind geduldig, wenn etwas nicht gleich gelingt oder Probleme verursacht.

Selbstvertrauen bedeutet eine realistische Einschätzung des Könnens und den vertrauensvollen Umgang mit den eigenen Grenzen.

Hierzu zählt, dass wir es akzeptieren, wenn wir gelegentlich Schwächen haben, Fehler machen und nicht perfekt sind.

Gesundes Selbstwerterleben basiert auch auf der Ebene der sozialen Kompetenz. Wir fühlen uns schwierigen sozialen Situationen eher gewachsen und können mit unterschiedlichen Situationen und Erfahrungen kompetent umgehen. Wir können eigene Grenzen ziehen und halten es aus, wenn andere Grenzen setzen. Ein stabiler Selbstwert fördert die Geborgenheit im sozialen Netz und vermittelt uns ein Gefühl, angenommen und gebraucht zu werden.

Selbstwertmanagement

Maßnahmen der Intervention

Als erster Schritt ist es wichtig, innezuhalten und achtsam zu werden. Die Änderung der Einstellung zum Annehmen der aktuellen Situation, wie es jetzt gerade ist, das Leben im Hier und Jetzt im Sein, kann durch spezielle, einfache Wahrnehmungsübungen im Alltag geschult werden. Die Achtsamkeit für automatisierte Bewegungsabläufe und Muster, für Gefühle und Bedürfnisse sollte von Beginn an im Mittelpunkt stehen. Die negative Spirale der Selbstentwertung, ausgelöst durch einen dominanten inneren Kritiker kann durch einen wohlwollenden Begleiter abgefangen werden; weil diese Veränderungen nicht sofort greifen, können Planung, Übung, Geduld und Erfolgskontrolle bedeutend sein, um zum Ziel zu gelangen. Für die Umsetzung des Selbstwerttrainings wird ein „Tagebuch des Wohlwollens" empfohlen (rund 15 Minuten täglich):

Lassen Sie den Tag vor Ihrem inneren Auge vorüberziehen und denken Sie ausschließlich an positive Dinge. Ihr Gehirn soll geschult werden, häufiger positive Gedanken zu produzieren, damit Sie eine optimistischere Grundhaltung entwickeln können.

1. Schreiben Sie in Ihr Tagebuch:

Was ist Ihnen gut gelungen (Kompetenzen)? Welche sozialen Momente/Kontakte sind Ihnen in Erinnerung? Was haben Sie Positives erlebt (Sinneswahrnehmungen wie Eindrücke, Natur, Geschmack, Gefühle, Umgebung)?

2. Das Wohlwollen für sich selbst stärken:

Einen wohlwollenden Begleiter wählen (Stofftier, Phantasiegestalt). Schreiben Sie viele Sätze auf, die Ihnen Ihre wohlwollende Begleiterin im Laufe des Tages gesagt haben könnte (Mutsätze wie: „Du schaffst es! Jeder kleine Schritt zählt! Das kannst Du aushalten!"...) Lassen Sie von Ihrem Begleiter einen Brief „des Wohlwollens" an Sie schreiben.

3. Nehmen Sie sich Zeit und verfassen Sie eine Liste Ihrer Stärken.

Befragen Sie dazu auch Ihre beste Freundin. Erforschen Sie Ihre Lebenserfahrungen (Welche schwierigen Situationen haben Sie mit Hilfe welcher Stärken gemeistert?). Wählen Sie Symbole für Ihre Stärken und stellen Sie diese gut sichtbar auf Ihren Schreibtisch.

Weitere Anregungen als Chance für die Zukunft:

- Sportler mit psychischen „Verletzungen" sollten nicht abgewertet werden, die gleichen kompetenten Maßnahmen (Arzt, Psychotherapeut) der Rehab erhalten wie mit körperlichen Beschwerden.
- Wenn eine Dysbalance zwischen der Gesamtbelastung (sämtliche Stressoren) und Erholung besteht und kein entsprechendes „Belastungsmanagement" existiert, kann das zu Übertraining bzw. „Burnout" mit Depression führen.
- In Mannschaften sollten regelmäßig teambildende Maßnahmen, die den internen Austausch und kommunikative Prozesse fördern, durchgeführt werden, um Auffälligkeiten schneller wahrzunehmen.
- Expertenpools mit Psychiater und Psychotherapeuten mit Sportkompetenz sollten dem Trainer und Sportler zugänglich sein.
- Sportmedizinische Untersuchungen sollten auch die Gesamtbelastung und die psychische Belastbarkeit des Sportlers beinhalten.
- Entsprechende Aufklärung zur Thematik Essstörungen, Ängste, Depression sollte fester Bestandteil in den Trainerausbildungen sein; Kompetenzen entwickeln im Erkennen von Verhaltensauffälligkeiten und im Umgang mit Betroffenen.
- Selbst-Wert-Management als präventive Maßnahme

15.

Hören Sie auf Ihre Helfer

Coaching, aber richtig!

Coaching, das bedeutet eben nicht ausschließlich: Einer spricht und der andere hört zu.

Die meisten der zum Thema „Coaching“ befragten Sportler bemängelten den einseitigen Informationsfluss (vgl Frester ,Wörz 2003). Etwa 80 Prozent aller Informationen - Korrekturhinweise, Reglementierungen, Verhaltensmaßregeln, Erläuterungen zum Bewegungsablauf, Forderungen zu normgerechtem Verhalten - werden vom Trainer häufig mit sehr autoritärem Führungsverhalten an den Sportler weitergegeben. Nur 20 Prozent Rückinformationen erfolgen vom Sportler an den Trainer über aktuelle Befindlichkeiten, Sorgen, Ängste, erlebte Fehlerursachen, Verhaltenswünsche und anderes mehr. Diese Dysbalancen im kommunikativen Verhalten werden von den Sportlern zu Recht als unbefriedigend und belastend erlebt. Sie fordern mehr Mitspracherecht bei Entscheidungsfindungen und für die Gestaltung der zwischenmenschlichen Beziehungen bei der Organisation der Wettkampfleistung.

So wird besonders von den älteren und wettkampferfahrenen Sportlern eine zu belehrende Vermittlung von Information durch den Trainer abgelehnt und ein einfühlsameres Eingehen auf den Athleten gefordert. Und Mängel in Problemsituationen führen letztlich dazu, dass zu wenige Trainerinformationen „auf Anhieb“ umgesetzt werden können.

Coaching im Team

Ein erfolgreiches Coaching (nach Frester, Wörz, 2003) kann im Wettkampf nur funktionieren, wenn alle am Betreuerprozess beteiligten Personen klar abgestimmte Verantwortsbereiche besitzen. Dabei hat es sich bewährt, dass alle pädagogischen und psychologischen sowie fachspezifischen Maßnahmen vom Trainer an den Sportler vermittelt werden. Innerhalb des Betreuerteams sollte es darüber hinaus klare Festlegungen der Kompetenzen und Vorgangsweisen geben.

Dieses Konzept schließt eine Rückkoppelung von Informationen durch den Sportler ein. Aus psychologischer Sicht setzt der Sportler eigenverantwortlich und selbständig die geplanten mentalen Maßnahmen im Wettkampf um, sichert die Rückkoppelung über erlebte Effekte und gewährleistet einen hohen verbalen und nonverbalen Dialog mit dem Trainer über den gesamten Wettkampfverlauf. Die Dialogfähigkeit und auch -bereitschaft des Athleten ist erfahrungsgemäß bei einigen Sportlern besonders nach Misserfolgen eingeschränkt. Schuldzuweisungen für das Versagen treffen dann häufig den Trainer oder ungünstige äußere Bedingungen.

Der Trainer integriert in Abstimmung mit dem Sportler psychologische Maßnahmen und kontrolliert deren Umsetzung in der Phase der unmittelbaren Wettkampfvorbereitung als Teil spezieller Aufwärmübungen, im Wettkampfverlauf, in den Wettkampfpausen und in der Phase der Wettkampf-Nachbereitung. Er sichert Effektivitätskontrollen, wertet in Absprache mit dem Sportler den leistungsbezogenen und verhaltensorientierten Nutzen der psychologischen Interventionen und präzisiert mit dem Psychologen nach dem Wettbewerb individuelle Verhaltensprogramme der Sportler. In Mannschaftssportarten sollte der Trainer zur Unterstützung seiner pädagogisch-psychologischen Arbeit erfolgreiche, psychisch stabile Sportler einbeziehen und diese mit kleinen Aufgaben für psychisch schwächere und labilere Teammitglieder betrauen. Dazu zählen die gegenseitige Unterstützung beim Ausführen von motorischen Imitationsübungen, aufmunternde Worte nach Misserfolgen, aber auch Ansporn und Kritik bei die Leistung schädigendem Verhalten.

Der Psychologe gibt dem Trainer und Sportler direkt Anleitung und Unterstützung beim Erarbeiten, Erproben und aufgabenbezogenem Umsetzen mentaler Übungsprogramme bis zu ihrer Beherrschung. In diesem Prozess wird die Wirksamkeit der psychologischen Arbeit wesentlich mit davon bestimmt, wie sich der Psychologe in die spezifischen Probleme der Sportart einbringen kann. Deshalb sollte der Psychologe sportartspezifische Kompetenz besitzen.
Besonders bewährt haben sich auch „Coach the Coach" Maßnahmen. Die Trainer sollten als unmittelbar anwesende Betreuungspersonen sportpsychologisch begleitet werden. Ein wichtiger Bereich ist dabei die Informationsgestaltung im Zusammenhang mit Korrekturen, Videoanalysen, Wettkampfvor und -nachbereitung; Maßnahmen wie Teambildungsprozesse und strategische Vorbereitung von Krisensituationen sind ebenfalls zentrale Themen des Coachingprozesses.

Der betreuende Mannschaftsarzt oder Physiotherapeut ist häufig für Sportler eine Vertrauensperson,

bei der sie ihren Frust und ihre Probleme, Ängste und Befürchtungen hinsichtlich des bevorstehenden Wettkampfs abladen können, aber auch Wünsche und Vorstellungen über wirkungsvolles Coaching äußern. Diese Informationen sind vertrauensvoll für ein erfolgreiches Coaching durch den Trainer zu nutzen. Dies wiederum setzt voraus, dass alle Mitglieder des Betreuerteams über geplante pädagogisch-psychologische Maßnahmen Kenntnis besitzen und so das Umsetzen der Interventionsmaßnahmen gegebenenfalls unterstützen, zumindest aber nicht stören, und dass mit Sportlerinformationen diskret und vertrauensvoll umgegangen wird.

Sportfunktionäre sind im weiteren Sinne ebenfalls Teil des Betreuerteams. Ihre Aufgabe sollte vor allem darin bestehen, optimale Bedingungen zu schaffen, um eine störungsfreie sportliche und mentale unmittelbare Wettkampfvorbereitung zu sichern und die Managertätigkeit des Trainers zu erleichtern. Dazu gehören insbesondere gute und ausreichende Trainingsbedingungen am Wettkampfort, angemessene Quartiere, eine mannschaftsdienliche Medienarbeit, die Kontrolle über das Einhalten der Wettkampfregeln von allen beteiligten Teams, das Verhindern von Nachteilen und Benachteiligungen für die eigene Mannschaft aus sportpolitischen Erwägungen, beispielsweise unerlaubter Einsatz von Athleten, Manipulation von Kampf- oder Schiedsrichterurteilen, Einflussnahme „von oben" auf Streckenführungen. Leistungsrelevante Informationen, Maßnahmen oder Entscheidungen der Sportfunktionäre sollten auf jeden Fall mit dem Trainer abgestimmt und den Sportlern vermittelt werden. Diesbezüglich haben in der Vergangenheit schon manche unbedachte Äußerungen von Sportfunktionären die mentale Vorbereitung der Sportler gestört.

Eltern und Freunde stellen insbesondere für jüngere Sportler im Wettkampf Bezugspersonen dar, die das Leistungsverhalten der Athleten beeinflussen können.

Dieser Personenkreis sollte deshalb Kenntnis von allen geplanten pädagogisch-psychologischen Vorbereitungsmaßnahmen besitzen, um ihre Umsetzung wirkungsvoll zu unterstützen. Der Trainer wiederum sollte die langjährigen Erfahrungen der Eltern und Freunde im Umgang mit dem Sportler nutzen und seine Kenntnisse über individuelle Besonderheiten im Verhalten seines Schützlings besonders in psychischen Belastungs- und Stresssituationen erweitern. Gezielte Maßnahmen des Elterncoachings fördern ebenso den Entwicklungsprozess von jugendlichen Leistungssportlern. Ein vertrauensvolles Miteinander im Rahmen des engeren oder erweiterten Betreuerteams ist oberstes Prinzip für ein erfolgreiches Coaching im Team.

Coaching im Nachwuchssport

Trainer, Übungsleiter, Eltern haben im Nachwuchssport eine wichtige Funktion in der Betreuung von Jugendlichen. Sie geben ihnen den notwendigen sozialen und psychischen Rückhalt auf dem oft angestrebten Weg zum Spitzensportler, der sich, wie aus der Erfahrung bekannt, für viele als belastend, hürdenreich und letztlich vielleicht erfolglos erweisen kann...

... was zu vermeiden ist (Frester, Wörz 2003)

Der Trainer kann demnach zu einer günstigen Leistungsentwicklung beitragen, wenn er unterstützend, beruhigend, verständnisvoll und motivierend wirkt. Häufig ist aber genau das Gegenteil der Fall. Verhaltensweisen wie Bestrafung oder Liebesentzug aus Enttäuschung nach verlorenen Wettkämpfen vergrößern die Wahrscheinlichkeit, dass der Jugendliche Merkmale hochgradiger Ängstlichkeit entwickelt, die Freude am Spielen verliert und schließlich dem Wettkampfsport den Rücken kehrt.

Kinder und Jugendliche befinden sich vor allem im Alter zwischen 11 und 18 Jahren (Vorpubertät/Pubertät) in einem psychisch labilen Lebensabschnitt. Der Jugendliche glaubt sich in seiner eigenen Welt zu befinden und möchte verstanden werden. Der Betreuer soll über diese Entwicklungsphasen informiert sein.

Allgemeine Aspekte zur Entwicklung in der Vorpubertät

Die Vorpubertät umfasst das Alter zwischen 11 und 13 Jahren. Es handelt sich dabei um eine krisenhafte Zeit, die von Eltern, Betreuern, Lehrern und anderen Bezugspersonen ein hohes Maß an pädagogischer Differenzierungsfähigkeit erfordert. Charakteristisch für diesen Altersabschnitt sind die Verschiebung der körperlichen Proportionen und die Entwicklung der geschlechtlichen Reife. Auffällig sind dabei äußere Zeichen wie ein disharmonisches Längenwachstum, bedingt durch die Größen- und Gewichtszunahme, Vergrößerung der Geschlechtsorgane, Stimmbruch bei den Burschen und veränderte, „wankelmütige" Verhaltensweisen.

Konflikte entstehen, da der Vorpubertierende seine spontanen Interessen durchsetzen möchte, kaum persönliche Kritik verträgt, leicht reizbar reagiert und sogar vermehrt zu Depressionen neigt.

Da die Belastbarkeit des Jugendlichen durch die sprunghaften psychischen und physischen Veränderungen deutlich reduziert ist, sollte bei der Konfliktbewältigung auf Einfühlungsvermögen, Sachlichkeit und Lösungsorientierung besonderes Augenmerk gelegt werden. Der Schlüssel zum Erfolg heißt „Verständnis".

Jugendliche sollen sich vertrauensvoll mit ihren Problemen an die Eltern wenden können. Eine angemessene und rechtzeitige Aufklärung stärkt dabei das Vertrauen und soll fester Bestandteil der

Erziehung sein. Jugendliche versuchen ansonsten, das fehlende Wissen in Gesprächen mit Gleichaltrigen oder älteren Jugendlichen zu erhalten und könnten dadurch verstärkt in kritiklose Abhängigkeit geraten.

Die Entwicklung in der Pubertät

Die Pubertät umfasst das Alter zwischen 13 - 14 und 16 - 17 Jahren, wobei die Grenzen fließend sind. Dieser Altersabschnitt ist vor allem psycho-physisch durch die Geschlechtsreife, die hormonellen Veränderungen und die emotionalen Schwankungen sowie seelisch durch die Ablösung von den Eltern festgelegt.

Der Jugendliche ist in dieser Phase mit Konzentrationsproblemen aufgrund hoher Ablenkbarkeit durch Tagträumereien sowie Motivationsschwankungen - u. a. Leistungsabfall in der Schule, im Sport - konfrontiert. Hinzu kommt, dass das Verhältnis zum anderen Geschlecht zusätzlich sehr viel Zeit und Aufmerksamkeit in Anspruch nimmt.

Eltern und Betreuer erwecken beim Jugendlichen in dieser Phase Vertrauen und Zuneigung, wenn sie

- zuhören können
- dem Jugendlichen Mitsprachrecht einräumen
- die Welt des Jugendlichen verstehen wollen
- partnerschaftlich handeln
- sachlich kritisieren
- Hilfestellungen geben
- gemeinsame Lösungen anbieten
- einen berechenbaren, gerechten Standpunkt einnehmen.

Ein berechenbarer, stabiler Standpunkt des Trainers, an dem sich der Jugendliche orientieren kann, erscheint in einer Phase, in der er auf der Suche nach seinem eigenen Standpunkt ist, und in der ihm dabei Fehler unterlaufen, äußerst wichtig.

Wie sollten sich Betreuer und Eltern von jugendlichen Leistungssportlern verhalten, um langfristiges, freudvolles Sporttreiben zu unterstützen?

Vertrauensvolle Gespräche zwischen den Eltern und ihren Kindern, Trainern und Sportlern können entspannend und problemlösend verlaufen und den Leistungsdruck vermindern. Positive Aspekte, auch nach sportlichen Niederlagen, sollten zuerst sachlich hervorgehoben und durch Lob verstärkt werden. Dadurch wird die Wahrscheinlichkeit des Auftretens positiver Handlungen beim nächsten Wettkampf deutlich erhöht.

Bevor Betreuer sich zum Wettkampfverlauf äußern, sollen sie versuchen, sich zuerst selbst zu beruhigen und zu entspannen, damit das Gespräch nicht zu gefühlsbetont verläuft. Gefühlsausbrüche wie Ärger, Enttäuschung aber auch übersteigerte Freude behindern den notwendigen neutralen Überblick, um sachlich und vernünftig argumentieren zu können.

Eine Untersuchung unter Weltklassesportlern hat ergeben, dass Trainer vor allem wegen ihrer beruhigenden, ausgeglichenen, emotionalen Wirkung und Sachlichkeit geschätzt werden.

Ruhe, Zuversicht, Optimismus ausstrahlen, Hektik vermeiden, gelöste Atmosphäre schaffen - dies waren für die Befragten die wichtigsten Eigenschaften ihrer Betreuer.

Tipp

Halten Sie Ihre Gefühle weitgehend unter Kontrolle, überlegen Sie sachlich und konstruktiv, bevor Sie Ihre Anweisungen und Ratschläge geben.

Denken Sie immer daran, dass bereits ein enttäuschtes, negatives Kopfschütteln auf der Tribüne - Sie werden in bestimmten Situationen, vor allem in kritischen Phasen, um mentale Unterstützung geradezu gesucht! - die Unsicherheit und Zweifel in einer kritischen Phase verstärkt und zum Kippen des mentalen Selbstgesprächs und damit zur Resignation führen kann. Die Praxis zeigt immer wieder, dass Bestrafung und dauerhaftes, emotionales Hinweisen auf Verhaltensschwächen durch die Betreuer so lange nicht zur gewünschten Verhaltensänderung und Einstellung führt, bis der Jugendliche sein Verhalten selbst als störend empfindet. Er muss von sich heraus bereit und motiviert sein, sein eigenes Verhalten zu ändern.

Verhaltensweisen wie eine positive Zeichensprache, konstruktive, klare Anweisungen, die Stärken hervorheben, eignen sich daher viel besser als sinnlose, vorwurfsvolle und unverständliche Gefühlsausbrüche und Handlungen.

Warum Trainer in gespannten Situationen den Druck nicht erhöhen sollten

„Wenn du nicht endlich das machst, was ich dir dauernd sage, wirst du nicht mehr unterstützt!“ Bestrafung durch Schimpfen, Vermeidungsverhalten, und Androhung negativer Konsequenzen führt zwangsläufig zu ängstlichem Verhalten und kann einen Stress-Kreislauf, einen Teufelskreis, in Gang setzen. Dieser wirkt sich ungünstig auf den psychischen wie physischen Energieverbrauch und in weiterer Folge auf die Leistung aus.

So wird die gewünschte Synchronisation zwischen äußeren (Handlungen) und inneren Abläufen (Gedanken), die auch als Flow oder optimaler Leistungszustand bezeichnet wird, unterbrochen. Psycho-physiologische Prozesse – Erregungsniveau und Gedanken beeinflussen sich ja gegenseitig – und ausgeführte Bewegungen passen nicht mehr zusammen: Es kommt zu Störungen. Die Folge sind unkoordinierte Bewegungen, der Bewegungsfluss gerät ins Stocken, die Handlungen werden ruckartig und verlieren jegliche Harmonie.

Das individuelle optimale Spannungsniveau sollte über die Dauer des gesamten Bewegungsablaufs immer wieder neu eingeregelt werden können – durch interne und externe Relaxations- und Mobilisationsverfahren. Dieses Niveau liegt während eines Ballwechselns (Aktion) deutlich höher als in den Spielunterbrechungen bzw. Pausen. Hält der Sportler sein Erregungsniveau auf einer zu hohen Intensität, wird unnötig viel Energie verbraucht. Dieser Energieverbrauch wirkt sich auf die Reaktions-, Antizipations- und Konzentrationsfähigkeit, aber auch auf konditionelle Faktoren aus. Ärger, Stress und Angst erschweren ein ökonomisches Pausenverhalten, Die Pausen bzw. Spielunterbrechungen sollten unbedingt dazu genutzt werden, dass sich der Sportler kurzfristig beruhigt und dabei entspannt, um sich anschließend auf den nächsten Ballwechsel oder die nächste Aktion mental vorzubereiten – den Flow-Zustand also einzuregeln und sich aufzubauen.

Zweifellos haben Eltern und Nachwuchsbetreuer großen Einfluss auf zukünftige Erfolge und Misserfolge der Kinder. Als Grundregel gilt daher, beruhigend, positiv verstärkend und unterstützend einzuwirken, um ein günstiges, langfristig motiviertes Verhalten der Kinder zu fördern.

Tipps

Verhaltensratschläge für Trainer:

- In der Betreuung sollten positive Handlungen herausgehoben, unterstützt und verstärkt werden, da sie dann in Zukunft häufiger auftreten werden.
- Benutzen Sie nicht Liebesentzug und Bestrafung als Druckmittel, da sich die Wahrscheinlichkeit erhöht, dass die Jugendlichen hochgradige Ängstlichkeit entwickeln.
- Bringen Sie Korrekturen möglichst ohne Gefühlsausbrüche sachlich und konstruktiv an, da sie nur auf diese Art vom Athleten angenommen, im entspannten Zustand verarbeitet und für die nächste Handlung umgesetzt werden können.
- Denken Sie daran, dass Ihr Athlet höchstens eine oder zwei Information(en) direkt umsetzen kann. Vermeiden Sie Verallgemeinerungen wie „Konzentriere Dich besser“. Sagen Sie konkret, worauf sich der Sportler konzentrieren soll.
- Je komplizierter Spielzüge und technische Abläufe sind, desto weniger Druck verträgt der Athlet, da häufig die komplexen Handlungen noch nicht automatisch-intuitiv ablaufen und hohe Aufmerksamkeitsleistungen gefordert sind.
- Greifen Sie nach Niederlagen positive Aspekte des Spiels oder des Wettkampfs heraus, um zu verhindern, dass der Jugendliche zu lange im emotionalen Grübeln verharrt und die Lust an der Sportart verliert.

Selbstcoaching: Der Tag, auf den es ankommt

Jeder Sportler, jeder Manager, sollte ein mentales Programm für den entscheidenden Tag bei sich haben, das er jederzeit abrufen kann. Darunter sind bestimmte konkrete Verhaltensschemata zu verstehen, Verhaltensrituale, die auch als solche Schritt für Schritt minuziös durchzuführen sind. Dem Sportler, dem Manager, muss klar sein, dass es an manchen Tagen schwieriger ist als an anderen, dieses Programm abzurufen: aufgrund unangenehmer Gefühle, Unsicherheit, unruhiger Nacht, unerwarteten äußeren Bedingungen, negativer Bewertungen. Eine schlechte Tagesverfassung ist aber kein Grund, um einen Wettkampf, eine Verhandlungsrunde, innerlich abzuschreiben. Im Gegenteil! Gerade in diesen Situationen können gut trainierte Programme greifen und den Akteur in den optimalen Leistungszustand hineinmanövrieren. Klar ist: Sich gehenzulassen ist kurzfristig leicht. Ein Programm abzurufen und sich aufzubauen, kann schmerzen. Folgendes Beispiel an einem Leichtathleten soll die Umsetzung eines Verhaltensprogramms verdeutlichen (vgl. Wörz, Theiner 2001)

Hochspringer A. tritt heute zu jenem Wettkampf an, den er als seinen persönlichen Saisonhöhepunkt deklariert hat. Er hat eine unruhige Nacht hinter sich gebracht. In seinem Hotelzimmer war es sehr warm, das Bett war ungewohnt, Insekten und Gedanken an die Konkurrenten störten seinen Schlaf. Der Wecker läutet um sechs Uhr, vier Stunden vor Wettkampfbeginn. A. fühlt sich wie erschlagen, möchte am liebsten nur im Bett liegenbleiben und sich verkriechen.
Die Gedanken, die ihm durch den Kopf gehen, fördern nicht sein positives Denken: „Ausgerechnet heute habe ich so schlecht geschlafen. Heute ist alles gegen mich. Warum geht es mir so

schlecht an diesem wichtigen Tag?" Ein Blick zum Fenster verstärkt diesen negativen Grübelkreislauf: Es regnet und es geht ein kühler Wind. Hochspringer A. denkt weiter: „Der Wind wird meine Anlaufgestaltung ständig stören. Nach jedem Sprung muss ich durchnässt von der Matte klettern. Bei Regen bin ich noch nie gut gesprungen. Ich könnte ausrutschen und mich an den Hochsprungständern verletzen."
Hochspringer A. schreibt den Wettkampf innerlich ab, am liebsten möchte er schon wieder zu Hause sein. Auf der Spannungsebene fühlt sich A. schwer und träge. Die negativen Gedanken erhöhen zwar kurzfristig die Herzfrequenz, der Muskeltonus bleibt jedoch niedrig, es fehlt an der notwendigen Muskelspannung. Auf der Verhaltensebene zieht sich der Sportler unter die Decke zurück, kauert sich zusammen, will sich klein und unsichtbar machen. Selbst wenn A. in dieser Situation noch zum Wettbewerb antritt, wird er innerlich immer hoffen, dass die Konkurrenz möglichst schnell vorbei ist. Ein negatives Ergebnis ist auf alle Fälle programmiert.

Um doch noch Erfolg zu haben, gilt es, diesen negativen Kreislauf der Gefühle und Gedanken zu unterbrechen. Jetzt muss das Selbstmanagement-Programm für solche schwierige Situation abgerufen werden. Je früher dieser Grübelkreislauf unterbrochen wird, desto schneller kann sich A. in seinen optimalen Zustand hineinversetzen. Er muss sich sagen: „Ich habe etwas, was die anderen nicht haben. Das macht mich stark und einzigartig."

Die erste anzuwendende Technik ist der Gedankenstopp: A. ballt beim ersten negativen Gedanken die Faust, stellt sich ein rotes Stopp-Verkehrsschild vor und sagt laut: STOPP! Ich lasse mich doch nicht gehen, nicht auf diese unkontrollierte Art und Weise! Das wäre doch noch schöner! STOPP!
Der nächste Schritt erfolgt auf der Verhaltensebene: Er streckt sich kurz im Bett, führt zwei, drei schnelle Armbewegungen nach oben aus, steht auf und macht das Fenster auf. Dann findet Sportler A.

positive Argumente, warum Regen wichtig ist: Regen ist Leben, Regen erfrischt, erquickt, Regen gibt ihm die Chance, eine Herausforderung anzunehmen, die Bedingungen als Freund zu gewinnen.
Tief durchatmend legt A. seine Lieblingsmusik ein, pfeift oder singt sie. Er bewegt sich rhythmisch im Takt, und während dieser Bewegung imitiert er rhythmisch auch die Wettkampfbewegung, zum Beispiel den Absprung. Anschließend führt er schnelle Skippings im Stand aus, trommelt mit den Händen auf den Tisch.
Weiter geht's ins Badezimmer. A. wäscht sich das Gesicht kalt, duscht dann bei 20 - 25 Grad Celsius. Anschließend stellt er sich vor den Spiegel und beginnt mit dem Lachtraining. Er zieht die Mundwinkel nach oben, hält sie 30 Sekunden gespannt an. Dann spricht er mit geöffnetem Mund die Vokale: AAAAAA, OOOOOO, UUUUUU.
Nachdem er von außen nach innen seinen Geist erhellt hat, begibt sich A. ins Freie, trabt ein bisschen, imitiert erneut die Wettkampfbewegungen. Er atmet bewusst, aktiviert seinen Körper durch Skippings. Insgesamt wendet er dabei nicht mehr als 20 Minuten auf: zehn Minuten für das Traben, dann kurze Gymnastik, zwei, drei Steigerungsläufe.
Nach dem Frühstück von 7 bis 7.30 Uhr ist es überaus wichtig, dass sich der Hochspringer A. vor der Abfahrt zum Stadion für 30 Minuten mit Konstruktivem beschäftigt, nicht sinnlos diese halbe Stunde in der Hotellobby wartend verbringt und wieder in negative Gedanken verfällt. Er setzt sich auf den Sessel, das Sofa in seinem Zimmer, versucht, sich kurz zu sammeln und Energie zu gewinnen. Er schließt die Augen und stellt sich sein Ruhebild vor. Anschließend visualisiert er die drei, vier für ihn entscheidenden Bewegungsmerkmale, wie beispielsweise: hohes Becken beim Anlauf, aktives Aufsetzen des Sprungbeines, Schwungelemente nach oben führen. Auch gefühlsmäßig soll sich Sportler A. diese Merkmale vorstellen und in der Vorstellung rhythmisieren. Bei dieser Visualisierung sieht A. seine Zielhöhe klar vor sich, und er stellt sich vor, wie er diese dreimal fehlerfrei überspringt. Anschließend kehrt der Sportler

ins Ruhebild zurück, spürt, wie sein gesamter Körper wie ein Akku mit Energie aufgeladen wird, und spürt, wie dadurch die Motivation auf den Wettkampf mehr und mehr zunimmt.

Mit zwei, drei schnellen Bewegungen „erwacht" A. wieder, führt noch zwei, drei Absprungimitationen aus und fühlt sich bereit für den bevorstehenden Wettkampf: Denn nun sind die entscheidenden Elemente der Bewegung verinnerlicht.

Um 8.45 Uhr trifft A. am Wettkampfort ein. 15 bis 20 Minuten unterhält er sich dort mit Trainer und Freunden plaudert in lockerer Umgebung und beginnt auf diese Art und Weise, langsam die Atmosphäre des Wettkampfs zu genießen. Eine Stunde vor Konkurrenzbeginn (bei internationalen Wettbewerben muss er die Stellplatzzeiten, also die Anmeldezeiten, miteinbeziehen!) startet Hochspringer A. mit dem Aufwärmen, dann beginnt er mit dem Einspringen. Aufgrund der großen Teilnehmerzahl steht ihm nur eine begrenzte Anzahl von Probesprüngen zu. Diese Situation ist nicht neu für ihn, sie wurde auch im Training schon öfters simuliert, als er mit wenigen Sprüngen und größeren Unterbrechungen ein wettkampfnahes Training durchführte. Um die Anzahl der Probesprünge beim Wettbewerb erhöhen zu können, ist es umso wichtiger, bei jedem Versuch in einem „Preplay" den Sprung mental auszuführen, anschließend tatsächlich zu springen, dann in einem „Replay" die Aktion nochmals fehlerfrei mit persönlichen Korrekturen mental nachzuvollziehen. Somit ist es für A. möglich, bei drei Probesprüngen die für den Hochsprung entscheidenden Gehirnareale neunmal zu aktivieren und zu stimulieren. Und dies müsste schon mehr als ausreichend sein, um vorbereitet in den Wettkampf gehen zu können.

A. gewinnt auf diese Art Freude an seiner Tätigkeit. Er weiß, dass er gut vorbereitet ist, strotzt vor Energie, fühlt sich in jeder Phase des Meetings wohl: beim Aufwärmen, beim Einspringen, sicher auch später im Wettkampf selbst. Er genießt es nun, hier und jetzt antreten, sein Können unter Beweis stellen zu dürfen.

Das Ziel dieser mentalen Wettkampfvorbereitung ist, die Gedanken als handlungsunterstützend einzusetzen; somit lernt der Sportler sein optimales Spannungsniveau zu regulieren. Bei Müdigkeit muss er wissen, wie er sich aktiviert, bei Nervosität, wie er sich beruhigt. Das Aufwärm-, Pausen- und Wettkampfverhalten unterliegt einem bestimmten Grundschema; bedacht werden muss jedoch, dass bei schlechter Tagesverfassung eine größere Zeitspanne nötig ist, um den optimalen Leistungszustand einregeln zu können.

Hochspringer A. hat seinen Wettkampf übrigens gewonnen. Und wann sind Sie erfolgreich?

Coaching kennzeichnet:

pädagogisch-psychologische Prozesse der
Führung und Betreuung von Sportlern mit dem Ziel Sportler zu befähigen individuelle Leistungsreserven unter psychisch belastenden Bedingungen selbständig freizusetzen.

(Wörz 2011)

Gute Gründe, um die mentale Einstellung zu entwickeln

Die Mentale Einstellung

- schafft innere Stärke. Mit der richtigen mentalen Einstellung fühlen Sie sich zufriedener.

- bündelt Ihre Kräfte. Mit der richtigen mentalen Einstellung können Sie mit Ihren Kräften besser haushalten und sie gezielter einsetzen.

- hält Ihr Gedächtnis in Schwung. Gezielte Aktivitäten für die „Fitness im Kopf" bremsen den geistigen Abbau.

- verbessert Ihr Aussehen. Zufriedenheit und „innere Balance" sind auch nach außen hin sichtbar!

- stärkt Ihr Immunsystem. Innere Stärke stabilisiert Ihre Gesundheit und verbessert Ihre Abwehr gegen Krankheiten.

- macht den Alltag leichter. Ein größerer psychischer Spielraum hilft Ihnen, Ihre täglichen Belastungen besser zu meistern.

- sorgt für Harmonie. Sie stellt einen Zustand innerer und äußerer Ausgeglichenheit her.

- erhöht das Feingefühl für Ihren Körper. Sie lernen, die Signale Ihres Körpers wieder besser wahrzunehmen.

- verwandelt Niederlagen und Enttäuschungen in Chancen. Denn Sie entwickeln die Fähigkeit, Situationen besser zu analysieren.

- optimiert Ihren Leistungszustand. Ob im Privatleben, in Beruf oder Sport: Die richtige mentale Einstellung erhöht Ihr Potenzial!

- sorgt für gute Laune. Wenn Sie Situationen besser meistern, haben Sie mehr Zeit und Energie, „gut drauf" zu sein.

- vermindert den Druck zu „entsprechen". Ein stärkeres Ich schwächt das Gefühl, so sein zu müssen, wie andere es vielleicht gerne hätten.

Fragebogen

Fragebogen

Wie gehe ich mit Herausforderungen, die Stress (Erwartungsdruck, Angst, ...) auslösen um?

Denken Sie dabei an eine konkrete Situation.

1 = fast nie, 2 = manchmal, 3 = häufig, 4 = fast immer

Ich bin zuversichtlich, dass ich diese schaffen werde	1 ☐	2 ☐	3 ☐	4 ☐
Ich bleibe dabei locker und gelassen	1 ☐	2 ☐	3 ☐	4 ☐
Ich bin optimistisch, was meine Leistungsfähigkeit betrifft	1 ☐	2 ☐	3 ☐	4 ☐
Ich bin voller Selbstvertrauen	1 ☐	2 ☐	3 ☐	4 ☐
Ich genieße die Spannung und den Nervenkitzel	1 ☐	2 ☐	3 ☐	4 ☐
Ich kann die Situation positiv bewerten	1 ☐	2 ☐	3 ☐	4 ☐
Ich nehme die Herausforderung an und stelle mich den Aufgaben	1 ☐	2 ☐	3 ☐	4 ☐
Ich habe bereits eine Strategie (Plan) wie ich mich in solchen Situationen verhalte	1 ☐	2 ☐	3 ☐	4 ☐
Ich handle ruhig und konzentriert	1 ☐	2 ☐	3 ☐	4 ☐
Ich mach mir keine Gedanken darüber, was andere von mir denken	1 ☐	2 ☐	3 ☐	4 ☐

Ich behalte auch im Stress den Überblick und bin aufnahmefähig	1☐	2☐	3☐	4☐
Ich kann meine Angst in eine lustvolle Herausforderung umwandeln	1☐	2☐	3☐	4☐
Ich drücke mit meiner Körpersprache Ruhe und Sicherheit aus	1☐	2☐	3☐	4☐
Ich bin bereit auch in Zukunft „Stress-Situationen" aufzusuchen	1☐	2☐	3☐	4☐
Ich bereite mich regelmäßig mit Mental-Training auf „Stress-Situationen" vor	1☐	2☐	3☐	4☐

Auswertung

60 bis 50 Punkte: Sie sind mental fit, Stressbewältigung ist für sie kein bedeutendes Problem

50 bis 42 Punkte: Sie kommen mit Stress auslösenden Situationen weitgehend zurecht

42 bis 30 Punkte: Ihre mentale Fitness und ihre Kompetenz mit belastenden Situationen umzugehen ist verbesserungswürdig

unter 30 Punkte: Es ist jetzt höchste Zeit, dass sie ihre mentale Fitness verbessern

Dr. Thomas Wörz

Der Autor

Dr. Thomas Wörz

bereitet seit Jahren zahlreiche Olympiasieger und Weltmeister - u. a. das Österreichische Ski-Alpin-Nationalteam (offizieller sportpsychologischer Betreuer der Olympiamannschaft in Salt Lake City 2002 und in Turin Olympia 2006) und das Golf-Nationalteam - mental auf Wettkampfhöhepunkte vor.

Der Sportwissenschafter, Psychotherapeut (Kognitive Verhaltenstherapie, Hypnotherapie) und Mentalcoach ist Lehrbeauftragter für Mentales Training, Sportpsychologie und Psychoregulation an der Universität Salzburg.
Wörz war als aktiver Leistungssportler u.a. Olympiateilnehmer 1988 in Calgary und Vizeweltcupsieger im Viererbob sowie Staatsmeister in der Leichtathletik.
Den Schwerpunkt seiner psychologischen Tätigkeit hat er auf die Bereiche Mentale Fitness, Gesundheitsmanagement, Burnout Prävention, Teambildung, Selbst- und Stressmanagement, sowie mentale Wettkampfvorbereitungsstrategien für Spitzensportler, Manager und Politiker gelegt.
Zu diesen Themen hat er seine Kompetenz in zahlreichen TV-Auftritten, Seminaren und Vorträgen zum Ausdruck gebracht.
Einzel- und Teamcoachings zählen ebenso zu seinen Fachgebieten wie Vorträge und die Leitung von Seminare zu dieser Thematik.
Im Verlag Vandenhoeck & Ruprecht ist von ihm zu dieser Thematik das Buch „Erfolg durch Selbstmanagement“ (20012) erschienen. Weiteres hat er gemeinsam mit Rolf Frester (20032) das Buch „Mentale Wettkampfvorbereitung“ publiziert. Im September 2003 erschien das Buch „Mentales Golf“ im BLV-Verlag (2004 auch in holländischer Ausgabe erschienen); im Frühjahr 2008 wurde sein Buch Mentales Fitness-Training publiziert.

Impressionen: SSM-Pressekonferenz, Sportler-

Mit Heimo Pfeifenberger,
Wolfgang Feiersinger

Mit Fritz Strobl, Marlies Schild

Olympiasieger Christoph Sieber, Claudia Riegler, Wörz, Uniqa Landesdirektor Peter Humer und Karate Europameisterin Alisa Buchinger

Mit Hermann Mayer

Mit Claudia Riegler, Andreas Schifferer

Literaturverzeichnis

Bauer, J.:Warum ich fühle was du fühlst. Intuitive Kommunikation und das Geheimnis der Spiegelneuronen. Heyne, 2006

Bernstein, D. A. / Borkovec, T. D.: Entspannungstraining. Handbuch der progressiven Muskelentspannung. Klett-Cotta, 1975

Birkenbihl, V. F.: Erfolgstraining. Schaffen Sie sich Ihre Wirklichkeit selbst. mvg-verlag, 2001

Ciompi, L.: Die emotionalen Grundlagen des Denkens. Entwurf einer fraktalen Affektlogik. Vandenhoeck & Ruprecht, 1997

Csikszentmihaliyi, M.: Das Flow-Erlebnis. Jenseits von Angst und Langeweile: im Tun aufgehen. Klett-Cotta, 1993

Frester, R. / Wörz, T.: Mentale Wettkampfvorbereitung. Ein Handbuch für Trainer, Übungsleiter, Sportlehrer und Sportler. Vandenhoeck & Ruprecht, 2002

Frankl, V.: Der Mensch auf der Suche nach Sinn. Ernst Klett Verlag, 1972

Frankl,V.: Das Leiden am sinnlosen Leben. Herder 1978.

Fromm, E.: Die Kunst des Liebens. Econ Taschenbuch Verlag, 2000

Harris, A. B. / Harris, T. A.: Einmal O.K. - Immer O.K. Transaktionsanalyse für den Alltag. Rowohlt Taschenbuch Verlag, 2001

Hüther, G.: Gebrauchsanleitung für das menschliche Gehirn. Vandehoeck & Ruprecht, 2006

Hüther, G.: Brainwash: Einführung in die Neurobiologie für Pädagogen, Therapeuten und Lehrer. Vortrag DVD. Auditorium Netzwerk. Jokers Edition, 2006

Jacobs, G., Arntz, A.: Schematherapie in der Praxis. Beltz, 2011

Kaluza, G.: Gelassen und sicher im Stress. Springer Verlag, 2007

Kasper, M. / Kraut, D.: Atmung und Atemtherapie. Ein Praxishandbuch für die Pflege. Huber Verlag, 2000

Ders.: Der Barfußdoktor: Handbuch für den gewitzten Stadtkrieger. Ein spiritueller Überlebensführer. Rowohlt Taschenbuch Verlag, 2000

Manuskript Seminarunterlagen. Verband der deutschen Lachyoga-Therapeuten e. V.

Margraf, J. / Schneider, S.: Panik. Angstanfälle und ihre Behandlung. Springer Verlag, 1990

Peter, B. / Gerl, W.: Entspannung. Das umfassende Training für Körper, Geist und Seele. Mosaik Verlag, 1977

Reinecker, H. (u. a.): Lehrbuch der Verhaltenstherapie. dgvt- Verlag, 1999

Senninger, T.: Abenteuer leiten - in Abenteuern lernen. Ringeinband, 2000

Storch, M./Cantieni,B./Hüther, G./Tschacher,W.: Embodyment. Die Wechselwirkung von Körper und Psyche verstehen und nutzen.Huber, 2010.

Walen, S. R. / Di Guiseppe, R. / Wessler, R.: RET-Training. Einführung in die Praxis der rational-emotiven Therapie. Klett-Cotta, 1982

Wilken, B.: Methoden der kognitiven Umstrukturierung. Ein Leitfaden für die psychotherapeutische Praxis. Kohlhammer/Stgt Verlag, 1998

Wörz, T.: Mentales Golf. Das Praxisbuch. BlV, 2003

Wörz, T. / Schleinitz, H.W. (Hrsg.): Neue Tendenzen zur Leistungsoptimierung. Schulen für Leistungssportler im internationalen Vergleich. Pabst Science Publishers, 2000

Wörz T. / Lecheler J.(Hrsg.): Die Psyche des Leistungssportlers. Lengerich: Pabst Science Publishers, 2010

Wörz, T. / Schröder-Klementa, T. (Hrsg): Nachwuchsleistungssport als Chance zur Persönlichkeitsentwicklung. Pabst-Verlag, 2005

Wörz, T. / Theiner, E.: Erfolg durch Selbstmanagement in Leistungssport und Berufsleben. Vandenhoeck & Ruprecht, 2001

Wörz, T.: Mentales Fitness Training.egoth, 2008

Ludwig Paischer

Fritz Strobl

Marlies Schild, Thomas Wörz